문

—길은 언제나 내 안에 있다

풀어옮긴이 **유영일**

책을 편집하고 번역하고 쓰는 일을 해왔다. 독서와 명상을 통해 내면의 큰 울림을 체험하고, 저마다 자기 안에 배태되어 있는 '신성의 씨앗'을 발아시키고 꽃을 피우는 일이야말로 진정한 성공이라고 믿게 되었다.

옮긴 책으로 『내 안의 나』, 『지금 이 순간을 살아라』, 『볼텍스』, 『춤추는 공(空)』, 『나는 없다』, 『나는 지금 누구를 사랑하는가』 등이 있고, 지은 책으로 『백일 감사: 백일만 하면 행복이 춤춘다』, 『마하무스 이야기』(우화), 『말할 수 없는 위안』(공저, 잠언 시집) 등이 있다.

문: 길은 언제나 내 안에 있다

펴낸날 ‖ 2022년 1월 15일 초판 발행
2022년 4월 5일 재판 발행

지은이 ‖ 루비 넬슨

풀어옮긴이 ‖ 유영일

펴낸곳 ‖ 올리브나무 출판등록 제2002-000042호
경기도 고양시 일산동구 정발산로 82번길 10, 705-101
전화 070-8274-1226, 010-7755-2261
팩스 031-629-6983 E메일 yoyoyi91@naver.com

값 15,000원

ISBN 979-11-91860-04-7

he Door of Everything

문

길은 언제나 내 안에 있다

루비 넬슨 저 | 유영일 풀어옮김

올리브나무

세계인의 서평

—이 책은 내 인생의 출구를 열어 주었다. 남은 나날 동안 신의 사랑 안에서 걸으며 온전히 평화로운 삶을 살 수 있는 기회를 안겨주었다. 이 작은 책이 나에게 무슨 짓을 했는지는 말로 표현할 수가 없다. 내가 아무리 천국을 꿈꾸고 상상해 보아도, 이 책이 제공한 '모든 것의 문'이 열리기 시작할 때 들어온 찬란한 빛에 비하면 너무나 창백하고 초라할 정도이다.

—몇 년 전 중고서점에서 우연히 이 책을 만났다. 손바닥만한 크기의 책으로, 제목이 흥미로웠다. 손에서 놓지 못하고 앉은 자리에서 다 읽었다. 그 이후 나에게는 놀라운 변화가 일어나기 시작했다. 이 책은 읽을 때마다 새롭게 읽혀지고, 점점 더 깊은 울림을 느끼게 된다.

— 내가 아끼고 사랑하는 책들 중 하나다. 마음이 통하는 사람을 만나면 가지고 있는 책을 선물하고는, 다시 구입하곤 했다. 여러 해 동안 표지가 여러 차례 바뀌었다. 내용은 똑같지만, 읽을 때마다 감동이 더 깊어진다. 나 자신이 업그레이드되고 있다는 증거인 것 같다.

— 이 작은 책에는 (나 자신을 그리스도인이라고는 생각하지 않지만 그리스도교에 기반을 둔) 내가 평생 추구해 온 영원한 진리에 대해 내 마음을 활짝 열게 해준 무엇인가가 들어 있었다. 기도와 묵상으로 깨달음을 열고자 해온 나에게 이 책은 25년 동안 뗄 수 없는 벗이자 스승 노릇을 해주었다. 내 책 속에는 거듭 거듭 밑줄 친 부분들이 많다.

— 아름답다. 우리 모두가 바라는, '사랑으로 보듬어주는 부모'처럼 우리의 영혼을 향해 말을 거는 책이다.

— 70년대에 구입한 이 책을 나는 지금도 보물단지처럼 안고 산다. 당시에는 이해하지 못했지만, 이제야 이해하게 된 구절이 적지 않다. 누군가를 위해 선물로도 여러 권 구입한 책이다. 처음 읽을 때는 잘 이해가 가지 않더라도 포기하지 말기 바란다. 마음 깊은 곳에 간직하고 지내다 보면 불현듯 깨닫게 되는 일이 생길 것이다.

— 더 이상 아무것도 필요치 않다! 더 이상 다른 책들, 오디오들, 강연들, 레슨들이 필요치 않다고 느낀다. 이 책은 당신을 자유롭게 해줄 것이다. 그대의 존재에 축복 있으라!

— 25년 전 이 작은 책을 선물 받았다. 감동을 받고 읽었지만, 그 후에도 주기적으로 거듭 거듭 읽어 왔다. 읽을 때마다 영감을 준다. 3차원의 현실 세계를 헤쳐 나아가느라 걱정과 두려움에 압도당할 때마다, 이 책은 늘 고도의 안전지대로 나를 이주시켜 주었다. 한 번도 실패해 본 적이 없다.

— 무인도에 떨어져 살더라도 이 책 한 권만 있으면 충분히 자가발전이 가능할 것 같다.

— 나는 오늘 이 책을 또 한 권 구입했다. 신부전증으로 7년 동안 투석을 하고 있는 친구에게 선물하기 위해서이다. 그에게 이 책이 어떤 의미를 지닐지는 아직 알 수 없지만, 나에게 있어서 이 책은 '삶의 지킴이'라고 할 수 있다. 바로 이것이 내가 이 책을 주기적으로 재주문하는 이유다.

— 좋은 의도를 가진 수천 권의 영적, 형이상학적 책을 가지고 있지만, 한 권만 꼽으라면 나는 단연코 이 책을 뽑아들 것이다.

—내가 읽은 어떤 책도 깨어남의 과정을 이런 식으로 설명하지 않았다. 당신이 준비가 되었다면, 이 책은 당신이 일찍이 상상할 수 없었던 깨달음의 세계를 펼쳐 보여줄 것이다.

—이 책은 나에게 세상의 고통과 나 자신의 고난에 관해 명료한 깨우침을 선물해 주었다.

—열린 마음으로 이 책을 읽고 그 가르침을 완전히 실천한다면, 다른 영적인 책이나 자기계발의 책들은 다시 읽을 필요가 없을 것이다. 왜냐하면 당신은 '모든 것에 대한 문'을 이미 열었을 것이기 때문에!

—정말 놀라운 책이다. 기쁨으로 읽었던 다른 어떤 책들과도 비교할 수 없을 정도로 내 영혼에 깊은 울림을 주었다. 나는 이 책을 여러 번 읽었고, 읽을 때마다 새로운 것을 발견한다. 읽을 때마다, 가장 친한 새 친구가 생긴 것 같다.

초대의 말

여러 해 동안 농사를 지어 왔지만

별 재미를 못 본 농사꾼이 황폐한 자기 땅을 원망하고는 헐값에 팔아치웠다. 하지만 몇 년 후, 농부는 놀라운 소식을 듣게 된다. 자기 땅을 사들인 사람이 하루아침에 돈벼락을 맞았다는 것! 헐값에 팔아넘긴 땅에 어마어마한 양의 석유가 매장되어 있다는 것이다.

이 이야기의 의도는 다음과 같이 요약된다. 타고난 재능을 찾아서 개발하는 것만이 자기 인생을 꽃피울 수 있는 길이다! 그러나 이 이야기가 줄 수 있는 함의의 최대치는 이 지점을 훨씬 초과한다. 재능 계발, 그것은 결국 한 인간이 성공적으로 사는 법을 가리켜 보일 뿐이지만, 이 이야기가 지닌 함의는 재능 계발의 정도를 훌쩍 능가한다!

우리가 자기 자신을 어떻게 자리매김하든 우리들 각자 각자의 진정한 가치는 “이미 막대하다”는 것, 어마어마한 석유가 매장된 땅처럼, 우리 모두는 깊이와 넓이를 잴 수 없는 크나큰 사랑의 배경을 이미 가지고 있다는 것, 이 책은 그렇게 우리들 존재의 주소를 새로 쓰게 만든다.

사랑받고 있다는 확신보다 더 신나는 일이 있을까? 예수는 세례를 받을 때 “너는 나의 사랑하는 자”라는, 하늘에서 들려오는 소리를 듣고 자신의 공생애를 시작한다. 언제 어디에서나 그 사랑에 안겨 마음이 늘 큰 부자였기에, 그는 외부의 어떠한 위협에도 굴하지 않고 두려움 없이 ‘사랑으로 충만한 삶’을 살 수 있었다.

“너는 나의 사랑하는 자”라는 속삭임은 특정한 누군가에게만 한정될 수 없다. 마음을 고요히 하고 자기 숨소리를 듣고 자기 심장 박동을 느낄 수 있는 사람이라면 누구라도 들을 수 있을 것이다. 누가 그 숨을 쉬게 하는가? 누가 그 심장을 뛰게 하는가? 누가 심장을 뛰게 하여 온몸 구석구석으로 피를 돌게 하는가?

동서양의 무릇 성인들은 이 ‘사랑의 소리’를 들었다. 그리고 모두가 다 그 큰 사랑 속에 있으며, 어느 누구도 예외가 아님을 깨달았다. 심지어 산천초목까지도!

노자는 이렇게 말했다. "하늘은 하나를 얻어서 푸르고, 땅은 하나를 얻어서 평안하며, 사람의 정신은 하나를 얻어서 신령하고, 계곡은 하나를 얻어서 가득 차고, 만물은 하나를 얻어서 태어나고, 왕은 하나를 얻어서 천하를 바르게 다스린다"(도덕경 39장).

공자의 손자이자 제자인 자사(子思)는 말했다. "도라고 하는 것은 잠시라도 떨어질 수 없다. 떨어질 수 있다면 그것은 도가 아니다. 그러므로 군자는 보이지 않는 것을 보려고 하고, 들리지 않는 소리를 들으려 한다. 아무리 은밀한 곳이라도 도가 스며들지 않은 곳은 없고, 아무리 작은 일이라도 도가 작용하지 않은 바가 없다. 그러므로 군자는 도와 따로 떨어진 존재 상태를 늘 삼가는 것이다"(중용).

혜능(惠能) 대사는 말했다. "여기에 한 물건이 있어서 위로는 하늘을 떠받치고 아래로는 땅을 버티고 있다. 밝기는 태양과 같고 검기는 옻칠과 같다. 항상 움직이는 가운데 있지만 그 움직이는 가운데서도 찾지 못한다. 그대들은 무엇이라고 부를 것인가?"

서산휴정(西山休靜)은 말했다. "여기에 한 물건이 있으니 본래부터 밝고 신령스러워 일찍이 생기지도 않았으며 일찍이 소멸하지도 않았다. 이름을 붙일 수도 없고, 모양을 그릴 수도 없다."

뭐라고 이름 붙이든 그 '하나'를 보고, 그 '하나'에 마음을 열고, 그 '하나'에 속해 있기도 하지만 동시에 그 '하나'이기도 하다는 것을 깨달은 사람은, 예전과는 판이하게 다른 사람으로 다시 태어나서, 예전에는 상상도 할 수 없었던 자유와 풍요를 누리게 된다.

이 책은 그 '하나'에 마음의 문을 열라는 초대장이다. 자기 발밑에 엄청난 보물이 묻혀 있는 줄도 모르고 늘 돈, 돈, 돈을 외치며 거렁뱅이 같은 삶에 놓여날 줄 모르는 아들이 있다면, 아버지는 얼마나 안타깝겠는가? 아버지는 지금 이 순간에도 아들이 스스로 가난하지 않음을 깨닫고, 가진 자산을 마음껏 누리며 펑펑 쓰게 하고 싶다! 스스로 부자인 줄만 알면, 외부의 어떠한 유혹이나 위협에도 굴하지 않고 대장부 같은 담대함으로 나아갈 수 있을 텐데! 죽음조차도 두려워하지 않을 수 있을 텐데!

아버지는 지금도 문을 두드리면서, 아들딸들을 애타고 부르고 있다.

풀어옮긴이 **유영일**

차 례

제1부

비전

주께서 나에게 면류관 씌워 주셨으니,
나의 면류관은 곧 나의 생명….
그분의 손이 나를 묶었던 사슬 끊어내니
나는 새 얼굴, 새 모습으로 새 사람 되었네.
…참된 실상 생각하며 그 길 따라 걸으니
이제 나는 더 이상 방황하지 않아.
나를 만난 사람들은 모두가 놀라워하며
나를 이상한 사람 취급하지만
털끝만큼도 내 마음 상하지 않는 것은
완전하신 지존자,
그분만이 나를 알고 또 키워주신 분이기에.

그분은 당신의 온유하심으로 나를 영화롭게 하시고
지고한 진리를 깨닫게 하셨네.
그분이 나에게 가르침 주시고
도道의 길을 가게 하시니,
닫혔던 모든 문이 내 앞에 활짝 열렸네.
쇠창살이 산산이 부서지고,
나를 묶었던 사슬이 흔적 없이 녹아 버렸네.
이제 내 앞에 닫힌 문은 아무것도 없나니,
왜냐하면 내가 바로 '모든 것의 문'이니까.

—솔로몬 송가 Odes of Solomon

1

뿌리가 잎새에게

그대 마음의 소란을 다독다독

잠재우고, 그대 존재의 중심에서 들려오는 세미한 소리에 귀 기울여 보라. 그대가 그토록 찾고 또 찾아 헤매었던 나는, 기실은 그대와 한시도 떨어져 있어 본 적이 없다. 그대가 이리저리 기웃거리며 나를 찾고자 하는 그 마음 멈춰 세우고 고요함 가운데 들려오는 소리에 귀 기울이지 않는다면, 나는 도저히 찾을 수 없으리니, 어디엔가 꼭꼭 숨어 있다고 오해하기 십상이리라. 나는 그대 영혼의 중심에 자리하는 '근원 의식'이니, 그대의 들끓는 모든 마음의 소리를 잠재우고, 고요히 귀 기울여 보라. 내가 그대를 앞으로 앞으로 이끌 것이고, 그대의 생각을 지고의 진리에까지 이르게 하리라.

나는 그대 안에 있는 '생명의 빛'이니, 그대가 경험해 온 겹겹의 어둠 속에서도 나는 계속해서 빛을 비추어 왔건만, 자기 멋대로 내내 색안경을 쓰고 지내는 그대는 나를 알아차리지 못하였다.

나는 또한 '세상의 빛'이며, 세상을 만든 힘이다. 그대들은 내가 세상을 창조해 놓고는 내내 방관하고 있다고 오해하곤 한다. 자신이 창조한 수많은 영혼들의 운명에 무관심한, 팔짱 끼고 휴식만 취하고 있는 게으른 신으로 나를 오해하곤 한다. 하지만 그렇지 않다. 나는 언제나 그대와 함께하고 있다. 그대가 어디에 있든, 나는 늘 그대와 함께한다. 왜냐하면 그대는 내 안에서 살고, 움직이고, 그대의 존재를 가지므로.

나의 현존을 알아차리고 싶은가? 그렇다면 내 얼굴을 똑바로 바라보라. 그대의 마음을 널리 널리 확장하여, 완전히 새로운 각도로 사물을 바라보라. 그대가 어디에서 무엇을 보든, 나는 그대를 마주보리라. 그대가 하늘을 본다면, 그대는 내가 파랗다는 것을 알게 되리라. 캄캄한 밤중에는, 내가 검다는 것을 알게 되리라. 잎사귀를 보면, 그대는 내가 초록색임을 알게 되리라. 한낮의 태양을 본다면, 그대는 나의 광채로 눈이 부실 것이다. 사랑하는 사람의 눈을 들여다보면, 그대는 내가 반짝이고 있다는 것을 알아차리리라.

그대가 서 있는 땅을 내려다보면, 그대는 그것이 거룩하다는 것을 알게 되리라. 그대 발밑의 모든 흙 입자는 물질로 표현되는 내 의식의 화현化現이며, 이 흙의 미세한 입자 또한 하나의 소우주라 할 수 있을 정도로 나의 우주적 완전성의 패턴이 그 안에 존재함을 어느 누구도 부인할 수 없을 것이다. 확장된 시각으로 이 흙 입자를 볼 수 있다면, 그대는 그것들이 나의 '영원한 빛'으로 빛나고 있음을 알아차릴 수 있으리라.

내 현존의 이 광휘는 하찮은 잡초에서부터 위풍당당한 나무에 이르기까지, 머나먼 우주의 수많은 별들에 이르기까지, 모든 것 안에 없는 곳 없이 두루 미치나니. 그대의 무릎에 웅크리고 있는 새끼 고양이는 그대 무릎 위의 아기와 마찬가지로 나의 일부이니, 이 중에 지극히 작은 자에게 한 것이 곧 나에게 한 것이기도 하다.

그대는 잡초나 나무, 아기 같은 평범한 것들을 볼

때면, 나를 보고 있다고 생각하지 않을 수 있다. 무한한 우주의 깊숙한 곳을 망원경으로 들여다볼 때나, 별, 은하, 우주 구름 같은 경외심을 불러일으키는 뉴스를 접할 때, 혹은 다른 차원, 다른 영역에 관한 신비로운 이야기를 들을 때, 그대들이 나를 떠올리게 될 가능성은 훨씬 커진다. 그대들은 잡초나 나무나 아기를 볼 때면 세상적인 것이라고 생각하곤 한다. 그러나 '이 지상의 흙으로 만들어졌다'고 생각하는 그것들 또한, 그대로 하여금 나를 생각나게 하는 경이로운 우주의 일부가 아니라면 무엇이겠는가? 크기가 다를 뿐, 아기 또한 은하만큼이나 경이롭지 아니한가? 아니, 크기를 고려한다면 더욱 더, 아기야말로 가장 경외심을 불러일으킬 만하지 아니한가? 왜냐하면 그렇게도 연약하고 작은 아기에게도 내 '빛'의 너무나 많은 부분이 응축되어 들어 있기에.

그대가 길을 잃고 절망하면서 나에게서 무언가 신호가 나타나기를 갈망할 때에도, 그대는 온갖 아름다운 것들로부터, 성장해 가는 모든 것들로부터, 갖가지 색깔들이 보내는 정교한 징조들과 신호들로 에워싸여 있었건만, 그대는 그것들에서 나의 자취를 읽어내지 못하였다. 진실

크기가 다를 뿐, 아기 또한 은하만큼이나 경이롭지 아니한가? 아니, 크기를 고려한다면 더욱 더, 아기야말로 가장 경외심을 불러일으킬 만하지 아니한가? 왜냐하면 그렇게도 연약하고 작은 아기에게도 내 '빛'의 너무나 많은 부분이 응축되어 들어 있기에.

로 진실로 말하노니, 사실 그대는 나의 모습을 익히 보아 왔다. 날이면 날마다 나를 보지 않는 날이 없다. 나는 그대의 세계를 나 자신의 '영'으로 건설하였고, 내 존재의 빛과 향기가 어디에나 없는 곳 없이 스며들어 있게 하였다. 그리하여 그대가 내 안에서 살고, 움직이고, 그대의 존재를 가진다는 것을 역력하게 알 수 있도록.

그대가 내 안에서 살고, 움직이고, 그대의 존재를 가지듯, 나 또한 그대 안에서 살고, 움직이고, 나의 존재를 가진다.

그대는 나에 관한 짤막한 단서라도 손에 쥐고자 수없이 많은 곳을 두리번거리며 나를 찾아 헤매지만, 정말 "이것이다!" 하고 잡히는 것이 없이 늘 막연하기만 하여, 내 현존을 직접 느끼고 경험하는 데에는 실패해 왔다. 그럼에도 불구하고, 그대의 영혼이 쉬지 못하고 계속적으로 무언가를 찾아 헤매고 있는 것은, 그대의 마음 깊은 곳에서는 나와 하나 될 수 있는 길이 있으리라는 것을 감질나게나마 알고 있기 때문이다. 그러나 그대에게 나는 여전히 닿을 수 없는 곳에 있는 것 같고, 요리조리 너무도 잘 빠져나가 도저히 붙잡을 수 없는 존재인 것 같다. 그대를 이리 오라고 유혹하고는, 그대를 혼란과 좌절의 막다른 골목에 남겨놓은 채 달아나 버리곤 하는 것 같다.

그동안에도 나는 내내 그대와 너무도 가까이에 있었건만 그대는 나를 지나쳐 버렸고, 더 이상 나를 찾을 수 없다고 선언하기까지 했다. 그대가 나를 찾고자 바깥으로 손을 뻗을 때, 나는 그대의 마음 속에, 그대의 가슴 속에, 그대의 영혼 안에 숨어 있고, 그대 안의 의식 속에 숨어 있다.

나는 생수가 솟아나는 그대의 샘이요, 그대의 생명력의 보고寶庫이다. 만일 그대가 나의 보물 창고에서 끌어내어 쓸 수 있는 법을 간절히 배우고자 하기만 한다면, 이 보물 창고는 그대의 존재 전체가 신성한 광휘로 빛날 때까지, 모든 것을 아낌없이 내어주고 또 내어줄 것이다.

그대 내면 의식으로서의 내 존재는, 그대 주변으로 우주가 끝없이 펼쳐지는 것만큼이나 무한하다.

바다의 빙산은 10분의 9가 눈에 보이지 않고 10분의 1만이 눈에 보이듯이, 내 존재의 10분의 9는 그대의 의식 아래에 잠겨 있는 마음의 형태로 그대 안에 살고 있다. 표면

위에 나타난 뾰족한 빙산이 확실한 것과 마찬가지로, 바닷속 빙산의 광활함 또한 부인할 수 없는 명백한 사실이다.

표면 아래에 잠겨 있는 마음은 그대가 그것을 발견하고 그것을 표면으로 끌어내어 주기를 기다리고 있는, 경이로 가득 찬 보물 상자와도 같다. 나는 그 안에 나의 모든 힘, 나의 모든 지혜, 우주의 모든 진리, 존재의 기록, 생기를 불어넣고 완전하게 하는 힘, 이해를 초월하는 평화, 모든 것을 이기는 사랑을 그 안에 저장해 놓았건만, 그대들은 대부분 그것을 알아보지 못하고 미지의 상태로 남겨놓아 왔다.

표면 아래에 잠겨 있는 마음은 그대들의 신성한 지혜의 중심이지만, 그대들의 절대 다수는 그렇게 생각하지 않는다. 잠재의식은 본래 순수하고 거룩하며, 제한적인 믿음이나 부정적인 믿음에 의해 결코 영향을 받지 않는다. 그것은 나의 살아있는 부분이다. 그대가 이 잠긴 마음을 끌어올려서 그것을 그대의 표면 의식과 통합하는 법을 배운다면, 그대의 존재 전체는 그것의 신성한 본성을 입을 것이고, 예수가 가르친 것처럼, 그대가 신과 동등하다고

나는 생수가 솟아나는 그대의 샘이요, 그대의 생명력의 보고寶庫이다. 만일 그대가 나의 보물 창고에서 끌어내어 쓸 수 있는 법을 간절히 배우고자 하기만 한다면, 이 보물 창고는 그대의 존재 전체가 신성한 광휘로 빛날 때까지, 모든 것을 아낌없이 내어주고 또 내어줄 것이다.

생각하고 말하고 믿는 것이 신성을 도둑질하는 짓이 결코 아님을 알게 되리라.

그대가 깨어나게 되면, 그대의 잠긴 마음은 열리기 시작하여 느낌의 중심 영역인 가슴으로 확장되어 간다. 나는 그대의 가슴 안에서, 측정 불가능한 '사랑의 저장고'로서 살고 있다. 그대의 희망과 꿈과 지고한 열망은 이 '느낌의 저장고'에서 솟아난다. 그것들은 나의 고요하고 세미한 소리의 메아리이고, 고요한 침묵 속에서 솟아나는 음표처럼 그대의 겉거죽 마음에 부딪히고 솟아올라, 그대가 그대의 숨겨진 재능과 기술을 더 자유롭고 풍요롭게 표현할 수 있도록, 그대에게 영원토록 울림을 주고 자극을 준다.

그러나 불행하게도, 그대 존재의 중심이 되는 그 '느낌의 저장고' 안에서는 희망과 꿈, 지고의 열망뿐만 아니라 그대의 인간적인 욕심들이 뒤섞여 삶 자체를 어지럽게 만든 많은 것들이 잉태되어 왔다. 그대의 머리와 가슴이 함께 손을 잡고 일함으로써 훨씬 강력한 힘이 발휘되었기 때문이다. 생각이 느낌과 결합하면, 활동이 시작되고, 일이 이루어진다. 느낌이 강렬할수록, 실천력 또한 커지게 마련이다.

너무 간단하게 들릴지 모르지만, 바로 이렇게 순수한 가슴과 순수하지 못한 머리가 손잡고 일함으로써, 세상을 줄기차게 괴롭히는 수많은 종류의 문제가 생겨났다.

나의 자녀들은 자신들의 생각을 잘못 사용해 왔고, 자신들의 느낌을 잘못 사용해 왔다. 물론, 그들이 순진하게 그렇게 해온 것은, 생각과 느낌이 한데 섞이게 될 때 작용하는 막강한 힘을 알지 못했기 때문이다.

나의 행성 지구가 비뚤어지게 나아가는 것은, 생각과 느낌을 잘못 사용하기 때문이다. 사실을 말하자면, 지구는 내가 세심하게 주의를 기울여 준비하여, 나의 현존으로 말미암아 풍성하고 충만하게 꽉 채워진 완벽한 세상이다. 그럼에도, 생각과 느낌은 살아있는 힘인 데다 나의 아이들이 불완전한 수준에서 자신들의 생각을 굴리며 헤매곤 하기 때문에 작용과 반작용을 거듭하면서, 불완전한 조건과 환경이 마치 불길한 거미줄처럼 겹겹으로 조성되어 나의 아름다운 행성 위에 작용하고 있다.

겹겹이 처진 '파괴의 거미줄'은 근원 의식으로부터 떨어져 나가 퇴행하는 인간의 표면적인 마음이 창조해낸 것이다. 나의 완전한 창조 세계와는 달리, 거친 인간의 마음이 주도하여 만들어낸 '하위창조 세계'에서는, 내 지혜의 보물상자가 잠재의식 속에 숨겨져 있어 활용될 길이 요원하다.

예수는 이러한 하위창조의 거미줄을 '겉모습'이라 불렀다. 그는 겉모습이 실상과는 너무나 크게 다르다는 것을 알고, 세상 사람들에게 겉모습을 보고 판단하지 말라고 가르쳤다. 그는, 겉거죽만을 보고 판단하는 사람들의 표면적인 마음이 부정적인 환경에 대한 믿음과 파괴적인 사람이나 세력에 대한 두려움 때문에 하위창조를 하게 되고, 거기에 힘을 부여한다는 것을 알고 있었다. 그는 또한, 모든 것을 다 아는 신의 속성이 지상의 모든 영혼들에게도 생생하게 살아 있는 한 부분이지만, 이것이 인간들에게는 숨겨진 상태로 존재한다는 것을 알고 있었다. 그는 인간의 신적인 속성을 '아버지 의식'이라고 불렀고, 인간들 안에 있는 그분(근원)은 바깥의 어떠한 힘보다도 강하다고 가르쳤다. 사람들이 잠재의식 속에 감추어두고 있는 생각과 느낌의 창조력을 꺼내어 쓸 수만 있다면, 표면 의식에서 비롯되는 생각과 느낌의 창조력보다 수만 배 이상으로

막강할 것이다.

이러한 이유에서, 표면의식을 거룩한 근원 의식과 어떻게 통합하는지 그 원리를 터득한 사람은 누구라도, 하위창조의 세계에 만연하는 파괴적인 힘들을 극복할 수 있다.

내가 그대들을 나의 형상과 모양에 따라 창조하였을 때, 나는 그대들을 완전하게 만들었고, 완전한 세상 속에 자리잡게 하였다. 나는 그대들에게 완전한 마음을 주었고, 그 완전한 마음은 나와 함께한다. 그럼에도 그 한마음 안에는 여러 진동이 존재하고, 그로 인해 여러 층의 의식이 존재하게 된다.

인간 의식의 정점 중에서도 최고 정점에는 하나의 '문'이 있으니, 그 문을 통과하면 그대는 하위창조 안에 있음으로써 생기는 모든 영향으로부터 자유로워지게 된다.

2

하늘에서와 같이 땅에서도, 그러나…

인간이 거친 마음으로 행하는

창조의 거미줄을 '겉모습'이라고 부른다고 해서, 그것이 '허상'이라는 뜻은 아니다. 사실, 그것은 고통스러울 정도로 리얼하다. 때로는 비인간적이라고 할 정도로 리얼하고 생생하다. 집단적인 힘이 만들어내는 이 그물망 안에는, 전쟁과 갈등, 폭력, 온갖 형태의 곤란과 어려움, 빈곤, 질병, 나이듦, 죽음과 재탄생의 윤회 사이클, 자기 자신과 자신의 우주를 이해하기 위한 인간의 고투 등, 삶이란 그런 식으로 존재한다고 인간이 받아들여 온 수많은 경험들이 포함된다.

그러한 불완전함이 의심의 여지 없이 받아들여져 왔기에, 길 잃은 나의 아이들 중에는 완전함을 찾으려고 하는 경우가 거의 없었다. 그리하여 내가 이미 각자 각자 모두에게 전지全知의 마음과 전능全能의 힘, 영원한 젊음을 유지하고 늙지 않을 수 있는 생명력을 이미 주었다는 것을 깨달은 자는 극소수에 지나지 않는다.

나의 아이들 중, 이러한 깨달음에 이르려고 하는 이는 실로 드물다. 나의 아이들 중에는 자신들이 지상의 경험에 찌들어지도록 내가 자기 자신들을 내팽개쳐 두었다고 믿으면서, 그리하여 자신들이 온갖 어려움에 직면하여 그것들과 더불어 사는 법을 터득하지 않으면 안 되게 되었다고 생각한다. 세상살이가 이토록 고통스러운 것은, 과거에 자신이 저지른 죄 때문에 벌을 받아서라고 생각하는 이들도 적지 않다. 그런가 하면, 이렇게 저렇게 모습을 바꾸어 가면서 수천 번의 윤회 전생을 통해 온갖 시행착오를 거듭해 가며 완전한 존재가 되어간다고 믿는 이들도 있다. 또한, 세상살이란 죽음 이후에 하늘나라를 과연 상속받을 수 있는지 시험을 당하는 것이라고 믿는 이들도 있다. 그러한 시험을 통해 하늘나라를 상속 받을 만한 가치가 없는 존재로 판명되면, 사탄은 그 영혼을 인계받아 불과 유황의 연못에 던져넣음으로써 영원히 고통을 받게 한다고 믿는 이들도 있다.

이런 이야기들은 표면적인 마음이 지어낸 산물로, 나의 '말'을 완전히 잘못 해석한 결과이다. 예수는 그런 믿음으로부터 사람들을 자유롭게 해주기 위하여, 나의 자녀들로 하여금 자신이 진정 누구인지를 알게 하기 위하여, 사람들로 하여금 '가슴(heart) 안에서 일어나는 생각'이 진짜이며 자신들의 정체성 또한 자신의 가슴에서 일어나는 생각대로라는 것을 알게 하기 위하여, 세상에 온 것이다.

'가슴으로' 생각한다는 것은 도대체 어떻게 생각하는 것일까? '가슴'이란 잠재의식으로 알려진 곳에서 비롯된 깊은 느낌의 영역이다. 잠재의식은 과거에 일어난 일들에 의해, 두려움과 의심과 불유쾌한 기억들에 의해, 선과 악이 뒤섞인 혼합물들에 의해 완전히 조건화되고, 이렇게 조건화된 잠재의식으로 말미암아 그 사람의 행위와 반응은 자동적인 습관이 되다시피 한다. 이 잠재의식 깊은 곳에서 '머리로 생각하는 것'이 아닌, 진정한 느낌이 일어나는 곳을 '가슴'이라고 할 수 있다. 이 '가슴'이야말로, 그대가 진실로 누구인지를 알고 진실된 자기 자신을 살기 위해 이해하지 않으면 안 되는 매우 중요한 핵심이다.

'가슴'은 광대한 저장고와 같아서, 그대가 표면적인 마음을 통하여 무엇을 쏟아붓든, 다 받아들이고 수용한다. 그대 개인의 저장고에 있는 아이디어들의 질은, 그대의 행동과 반응의 질을 결정한다. 그대가 그대의 저장고를 한계 지워진 인간의 믿음들로 채워왔다면, 그대는 그대의 모든 행동들 또한 그렇게 한계 짓게 된다. 하지만 그대가 그대의 마음을 비우고 나로 하여금 영원한 진리로 채우도록 허용한다면, 그대는 대전환을 경험하게 되리라.

그대의 가슴은 그대의 창조 센터이다. '가슴'은 생각들과 감정들을 물질화된 형상으로 변환시키는 강력한 발전기와도 같다. 예를 들어보자. 욥이 그토록 두려워하던 일들이 욥 자신을 덮친 것은 왜였을까? 그의 마음은 두려움 때문에 엉망이 되었고, 그의 두려움은 그에게 너무나 생생하고 너무나 강렬하였으며, 이런 두려움들은 그의 느낌들과 혼합되어 창조의 저장고가 되었다. 그리하여 느낌과 혼합된 그의 두려움은 그의 표면적인 마음 안에서 이미지의 질료로 바뀌었던 것이다.

그대 가슴 센터의 이러한 창조적 기여도는, 내가 그대를 창조한 방식에 섞여 들어간 기이하고도 특이한 흠결이라고 할 수 있는 것이 아니다. 그대가 가슴으로 원하는 것들은 항상 이루어지도록 되어 있으며, 그것이 바로 나의 의도이다. 이 창조 저수지의 적절하고 바른 활용을 통하여, 아버지가 가진 것은 어떤 것이든 다 그대 자신의 삶 속에 구현될 수 있다. 그대가 인내를 갖고 추진하고, 그대의 열망이 강렬하기만 하다면.

내가 완전함만을 창조했다고 하여, 그대가 그대의 마음을 악한 이미지들로 채우는 것을 내가 허용하지 않았다는 것을 뜻하는 것은 아니다. 그대가 그대의 마음을 악한 이미지들로 채우고, 이 악의 이미지들이 창조의 저장고로 떨어져서, 그대가 개인적으로 어떻게 할 수 없을 정도로 외부적인 힘으로 악을 구현하도록, 내가 일부러 의도한 것은 결코 아닌 것이다.

그칠 줄 모르고 활동하는 그대의 가슴 센터는 거의 자동적으로 자기 할 일을 한다. 그것은 일종의 '거푸집 mold' 같은 것을 나의 영적 기본요소들 spiritual elements 속으로 발사시키고, 이 거푸집은 표면적인 마음에 강하게 시각화된 것은 무엇이든지 모양으로 찍어낸다. 가슴 센터는 경험들을 적당히 걸러내어 그대에게 좋은 것만을 물질 그대가 가슴으로 원하는 것들은 항상 이루어지도록 되어 있으며, 그것이 바로 나의 의도이다. 이 창조 저수지의 적절하고 바른 활용을 통하여, 아버지가 가진 것은 어떤 것이든 다 그대 자신의 삶 속에 구현될 수 있다. 그대가 인내를 갖고 추진하고, 그대의 열망이 강렬하기만 하다면.

화시키는 것이 아니다. 왜냐하면 표면의 마음 자체는 비추어내는 일의 명수이고, 감정과 느낌이 된 이미지는 그대로 유지되어 그 이미지가 품고 있는 것을 자동적으로 물질화하기 때문이다.

그러므로 나의 우주의 완전함을 깨닫고 경험하기 위해서는, 그대의 표면적인 마음을 '비우는' 것이 필수적이다. 창조란 계속적으로 이어지는 과정이고, 나는 그대를 그대가 '느끼는' 어떤 것이든 가질 수 있도록 창조했기에, 그대는 그대가 나로부터 분리되어 있다고 실감하는 것만큼이나 쉽게, 나와의 '완전한 하나됨' 또한 경험할 수 있다.

비결은 그대가 스스로 어디에 관심하고 집중하는지를 알아차리고, 그것을 조절하는 데에 있다. 나의 자녀들은 모두가 다 나와 마찬가지로 창조의 힘을 지니고 있고, 그런 의미에서 모두가 다 '작은 신들'이다. 의식의 초점을 조절함으로써 하위창조는 그것이 생산될 때만큼이나 쉽게 지워질 수도 있다.

그대가 잘못된 생각을 함으로써 불유쾌한 경험을 하고 고통을 당하는 것이 나에게 무슨 유익이 있겠느냐?

나는 또한, 그대가 저지른 잘못의 결과들을 받아들이지 않으면 안 된다고 말할 정도로 엄격한 법을 정해 놓은 것도 아니다.

대신, 나는 그대들에게 죄란 즉각 용서될 수 있다고, 잘못된 생각들의 수많은 결과들을 나는 즉각 지운다는 것을 말하려고 애써 왔다. 그대가 마음의 문을 열고 손을 내밀어 그대가 준비되어 있음을 나로 하여금 알게 하자마자, 나는 즉각 그대들을 내 보호의 날개 아래로 모은다.

이것이 진실이 아니라면, 예수는 그가 자신들을 도울 수 있으리라고 믿고 그에게로 온 수많은 영혼들을 떠나보내지 않으면 안 되었으리라. 그는 간음을 하다가 현장에서 들켜서 붙잡혀온 여인에게 이렇게 말해야 했을 것이다. "안 됐구려, 여인이여. 하지만 당신은 참으로 음탕한 여인이군요. 당신은 뿌린 대로 거두지 않으면 안 됩니다. 차라리 사람들이 던지는 돌멩이를 다 맞고, 끝내도록 하세요. 그 편이 나을 거예요."

물론 그는 그런 식으로 말하지 않았다. 그는 작동 중인 모든 불완전한 힘들을 말살하고자 하는 나의 열정과 나의 힘을 잘 알고 있었다. 그는 그 여인이 나의 사랑하는 딸이라는 것을, 그녀의 죄가 아무리 진홍색만큼이나 진하다 할지라도 나는 그녀가 눈처럼 하얗게 될 때까지 기다린다는 것을 너무나 잘 알고 있었다.

그것은 그대에 대해서도 마찬가지다. 그대의 표면적인 마음이 선과 악 사이에서 이리 저리 표류하고 있는 한, 그대의 느낌과 감정들이 이러한 표면적인 혼합물들에 의해 주입되는 한, 그대는 그대가 뿌린 것들을 거두게 된다. 그대가 나의 영원한 완전성의 진리를 받아들이고 그 표면적인 마음을 다스리는 법을 배우자마자, 그럼으로써 그대가 자신의 느낌의 저장고를 컨트롤하게 되자마자, 그대의 의식 수준은 모든 악의 조건들이 나의 '빛'의 지배 아래에 들어가는 초월의 지점으로 상승하게 된다.

예수는 이렇게 높은 의식 수준에서, 표면적인 마음으로는 가 닿을 수 없는 '잠긴 마음'과 통하는 '문'의 안쪽에서 살았다. 이렇게 고양된 의식으로, 그는 하위창조에 나타난 겉모양들을 지울 수 있었고, 병든 나의 자녀들을 온전하게 회복시켜 줄 수 있었다. 그는 자기 몸의 죽음을 이겨냈을 뿐만 아니라, 이미 죽은 다른 사람들의 몸도 회복시켰다.

나사로는 예수가 매우 아끼는 친구였다. 예수는 나사로와 마리아와 마르다에게 내가 가장 소중하게 여기는 진리를 설파해 주었다. 느낌이 갖는 창조적 역동성을 통하여 진리를 충분히 활성화시킬 수 있을 정도로 나사로가 진리를 온전하게 받아들였더라면, 그는 스스로 죽음을 극복할 수 있었을 것이다. 하지만 그는 이런 가르침을 겉거죽으로만 받아들이고 있어서 잠재의식에까지 진리가 침투되지 않았다. 진리를 가슴으로 받아들여서 느낌으로 창조하는 법을 익히지 못하여, 진리가 자기 경험의 현실이 되지 못했던 것이다. 그의 잠재의식은, 죽음과 무덤이라는 것이 영원성에 이르려면 필요한 단계들이라는 옛 믿음에 기대고 있었다. 그리하여 그는 이러한 믿음을 고수하는 사람들이 모두 그렇듯이, 죽어야 했다. 그런 믿음을 진짜라고 믿게 만드는 증거들은 차고도 넘쳐났기 때문에, 그는 그렇게 믿었던 것이다. 예수가 슬피 울었던 것은, 지상의 법으로부터 사람들을 자유롭게 풀어줄 수 있는 진리를 나사로는 이미 알고 있었지만, 새로운 진리의 옷을 입을 만큼 충분히 오래 옛것을 내려놓을 수가 없었기 때문이다.

나사로는 잠재의식에 자신이 뿌렸던 것을 거두고

있었다. 원인과 결과의 지상 법칙은 자신의 파괴적인 과업을 그렇게 완수하였다. 예수 또한 이를 멈춰 세울 수가 없었다. 나의 내면의 힘은 외부의 어떤 힘보다도 항상 더 막강하다. 예수가 "나사로야, 나오너라!"라고 말했을 때, 원인과 결과의 법칙은 힘을 잃어버리고, 부패한 육신의 세포들마저도 나의 '편재하는 생명'에 대한 그의 말없는 승인에 반응하였다.

빌라도가 희생제물을 바치려고 갈릴리 사람들을 학살했다는 말을 들은 예수는 이렇게 말한다. "일부 갈릴리 사람들이 그런 고통을 당했다고 해서, 그들이 다른 모든 갈릴리 사람들보다 더 큰 죄인이라고 생각하시오? 그렇지 않소. 내가 당신들에게 분명히 말하지만, 당신들도 회개하지 않으면, 모두 그렇게 망할 것이오. 또 실로암에 있는 망대가 무너져서 치여 죽은 열여덟 사람들은 어떻다고 생각하시오? 그들이 다른 예루살렘 사람들보다 특별히 더 죄가 많아서 그렇게 되었다고 생각하시오? 그렇지 않소. 내가 당신들에게 분명히 말하지만, 당신들도 회개하지 않으면 그렇게 멸망할 것이오"(참조. 누가복음 13:1-5).

'회개'란, 지금 이 자리에서 방향을 바꾸는 일이다.

그대가 서 있는 그 자리에서 그대의 생각과 느낌을 긍정적인 방향으로 돌이키지 않으면, 부정적인 반응들에 대한 대가로 그대 또한 조만간 파괴를 면치 못할 것이다.

그대가 하위창조의 그물망에 걸려 더 이상 헤매지 않겠다고 결심하고, 그것을 유지하려고 계속해서 머리를 쓰곤 하는 습관을 멈춰 세운다면, 바로 그 순간, 그것은 그대 앞에서 사라지고 말 것이다. 처음에는 그대 개인적으로, 다음으로는 그대들 집단적으로. 그리하여 결국엔 그대들 모두가 기름진 약속의 땅으로 들려 올라가리라.

그때 그대는 나를 있는 그대로 보게 될 것이고, 결국엔 그대가 그토록 들끓는 지상의 스튜 냄비 속에서 고통받아왔던 것이 결코 나의 뜻이 아니었음을 알게 되리라. 그대는 모든 지혜와 모든 힘을 다 가진 신을 언제나 믿으려고 해오지 않았던가? 그런데도 그대는 어찌하여 내가 그대를 창조하였을 때 그대를 완전하게 창조할 수가 없었다는 생각으로 그대 자신을 기만해야 했던가? 내가 그대를 반쯤만 완성시켜 놓고, 연약하고도 무방비 상태의 창조물인 채로, 그대 주변의 환경조차 제대로 다룰 수가 없는 상태로, 그대를 내버려둔 채로 떠났단 말인가? 그렇게 하지 않으면 안 되었던 어떤 이유가 나에게 있었겠는가?

결코 그렇지 않다. 나는 그대를 나의 이미지와 형상에 따라 창조했다. 그대는 나와의 이러한 동등성을 온전히 깨닫게 되어 있다. 그럼에도 이러한 자각을 하지 못하게 하는 '잃어버린 고리'가 표면적인 마음에 있어 왔고, 그래서 잘못된 방향으로만 나아가는 경향이 있어 왔던 것이다.

나는 그대의 '문' 앞에 서서 문을 두드린다. 그대가 나를 향해 돌아서기만 하면, 그대 자신을 비우고 나의 '영'을 받아들이기만 하면, 나는 그대의 가슴 저장고에 '빛'을 쏟아부어, 영원한 나날 동안 선과 자비로 그대의 삶을 충만하게 하리라.

이 '빛'의 힘으로 그대의 잠재의식 안에서 느낌의 저장고는 본래의 순수성에로 들어올려질 것이고, 그대의 반응을 고양시킴으로써 그대로 하여금 생명의 면류관을 쓰게 할 것이다. 하여 그대는 새로운 얼굴과 복장을 하고 그대에게 그토록 가까이에 있었던 의식의 '문'을 열게 되리라. 이런 일이 일어나게 되면, 옛 삶의 질서는 사라져 없어질 것이고, 도저히 열릴 것 같지 않은 철창처럼 여겨져

온 하위창조의 망이 그대 앞에서 녹아 버리리라. 이러한 혁신은 시간이나 장소에 달려 있지 않고, 오직 그대의 수용성에, 그리고 그대는 진실로 신의 형상과 모양에 따라 창조되었다는 진리를 적용하는 일에 달려 있다.

3

그대는 '위대한 우주적 존재'

내가 그대를 나의 형상과 모양에 따라 창조했을 때, 나는 그대 존재에 가장 위대한 자질을 부여하였다. 나는 그렇게 그대를 위해 '가장 위대한' 자질을 부여하지 않으면 안 된다는 마음을 갖고 있었다. 오! 그럼에도 내가 그대들에게 부여한 이 '위대한 자질'은 그대들로부터 받아들여지거나 이해되는 일이 너무나 드물구나!

나는 세상을 너무나 사랑하였기에 내가 사랑하는 나의 외아들을 주었고, 그래서 그를 믿는 자는 누구든지 멸망하지 않고 영원한 생명을 누리도록 하였다.

대개는, 예수가 바로 그 나의 사랑하는 외아들이라고 믿고 또 받아들여지고 있다. 어떤 이들은, 예수가 아버지

하나님이 사랑하는 외아들임을 믿기만 하면 누구든지 멸망하지 않을 것이고 죽은 후에도 영원한 삶을 살게 된다고 가르침을 받아 왔고, 또 그렇게 믿는다.

그러나 진실은 이렇다. 아버지 하나님이 사랑하는 외아들은 '위대한 우주적 존재'이고, 완전한 남자나 완전한 여자이다. 반짝거리는 '빛'의 옷을 입고 우주를 자신의 놀이마당이라고 주장하면서 생각의 속도로 오가는, 진동수가 나의 진동수처럼 빠르고 의식이 나의 것처럼 확장적인 완전한 남자나 완전한 여자, 곧 '살아 있는 그리스도'이다.

그렇다, 나는 세상과 그 안에 있는 나의 자녀들 모두를 너무나 사랑하여서, 그대들 각자 한 사람 한 사람에게 내가 가장 아끼는 그 같은 자질을 선물로 주었다. 나는 그대들을 '살아 있는 그리스도'로 창조했던 것이다. 그대들을 향한 나의 유일한 명령은, 그것을 믿고 거기에 따라 살아가라는 것뿐이었다.

너무나 간단하고, 너무나 쉽다. 나의 형상과 모양은 그대들의 핵심으로서, 그대들 각자 각자의 마음과 영혼의 안에 자리하고 있었다. 그대가 하지 않으면 안 되는 일은,

그대 자신의 참자아를 믿는 것뿐이다.

그대들이 그것을 터득하기를 얼마나 오랫동안 기다려 왔던가? 사랑하는 나의 아이들아, 그대들은 모두가 다 지금 이 순간에도 기쁨과 찬양의 합창을 부르는 '위대한 신들의 행렬'에 참여할 수 있는데도, 그렇게 하려고 하지 않는다. '신령스러운 영'인 신부가 이리로 오라고 말하면, 그 소리를 듣는 자는 누구나 올 수 있건만, 그대는 도무지 올 생각을 내지 않는다. 그대는 세상사에 너무 바빠서 그 부름 소리를 듣지 못하고 있다.

그 부름 소리 그치지 않고 오래 오래 이어져 왔건만 그대는 너무 바쁘거나, 의심하거나, 어떻게 그럴 수가 있느냐고 믿으려 하지 않는다.

그대가 아무리 의심하고 믿지 않아도, 신의 거룩함은 그대의 '잠긴 마음'에 살고 있는 그대의 한 부분이다. 그대 느낌의 저장고는 오염되어 있지만, 본래는 산을 일으켜 세울 정도로 충분한 힘을 지니고 있다. 나의 형상이 곧 그대의 정체성이니, 왜냐하면 나는 진실로 그대의 '생명의 빛'이기 때문이다.

내 말을 믿지 않는다 할지라도, 그대가 '위대한 우주적 존재'라는 것은 믿으려고 해보아라. 그대의 내면에서 '위대한 우주적 존재'로서의 정체성을 느끼려고 해보아라. 그러면 그대 스스로 알게 되리라.

그것이 바로 예수가 한 일이다. 물론, 그대 또한 예수 그리스도 안에 있었던 동일한 마음이 그대 안에도 있게 하라고 가르침을 받았을 때, 그대는 이 마음을 발전시켜 보라거나, 진화시켜 보라거나, 창조해 보라는 말을 들은 것이 아니다. 그 마음을 고양시키고 그 마음을 표현하라는 가르침을 받은 것이다.

모든 것을 다 아는 신의 전지全知가 모든 이들의 핵심적인 성품임을 예수가 터득했을 때, 그는 기도하는 마음으로 고요 속에서 자신의 인생을 펼쳐 나감으로써 마침내 나의 현존을 의식하게 되었다. 그리하여 그는 나와 함께 동행하면서 모든 지혜, 모든 사랑, 모든 권능을 경험하기 시작하였다.

그대는 그와 동일한 일을 할 수 없다고 어느 누가 말할 수 있겠는가? 그런 법은 어디에도 존재하지 않는다.

사실, 나의 거룩한 법은 그대 또한 '할 수 있다'고 말한다. 그리고 나는 팔을 활짝 벌리고, 그대가 그렇게 행하고 살 때를 기다리고 있다.

내 말이 모순되는 것처럼 보인다는 것을 나는 알고 있다. 자신을 '살아 있는 그리스도'라고 주장하는 예수가 모든 것을 다 알고 모든 권능을 갖고 있는 '위대한 우주적 존재'라면, 그는 도대체 왜 십자가 위에서 그토록 고통스럽게 죽음을 당해야 했단 말인가? 나에게로 향하는 자에게는 누구에게나 다 퍼부어주기로 내가 약속했던 온갖 선과 자비는 어떻게 된 것인가? 도대체 누가 온갖 위험을 무릅쓰고 자신의 그리스도성을 실현하고 싶어 하겠는가?

그런 물음표가 가슴에서 샘솟는다는 것은, 이제 곧 그대 안에서 꽃이 피어날 때가 가까웠다는 징조이다. 가까운 시간 안에, 그 모든 의문들을 일거에 해결해 줄 '문'이 열리게 될 것이라는 예고나 마찬가지다. 그러니 잠자코, 그 물음표들 속에서 살아 보라.

그대도 쉽게 동의하겠지만, 예수는 일찍이 지상에서 살았던 사람들 중에서도 가장 위대한 '진리의 계시자'였다.

그만이 유일했던 것은 아니다. 수천 명이 있었고, 오늘날에도 그런 사람들은 존재한다. 하지만 그는 탁월한 본보기이다. 그는 모든 것을 희생했다. 그는 자신에게 무슨 일이 닥칠지를 잘 알면서도, 이미 높아져 있었던 자신의 진동수를 낮추어 필멸의 사람들 수준으로 기꺼이 낮추었다. 그렇게 한 것은 순전히, 그대들을 향한 그의 위대한 사랑 때문이었다.

그렇다, 예수는 그대들을 사랑한다. 내가 그런 것처럼, 예수 또한 그대들을 사랑한다. 그대들을 가르치기란 그토록 힘든 일인데도 불구하고. 인간적인 마음은 습관이 된 옛것을 쉬이 놓으려 하지 않는다. 새로운 것을 쉽사리 받아들이려 하지 않는다. 그 '새로운 것'이 과거에 그토록 열망했던 것인데도 불구하고.

그렇지 않았다면, 예수의 희생은 필요하지도 않았을 것이다. 그는 그렇게 죽을 필요도 없었을 것이다. 그는 단지 이렇게 말하기만 해도 되었으리라. "성령의 은총에 의하여 나는 그대들이 생명의 원리와 세상살이의 원리를 터득하여 그대들의 몸을 다스릴 수 있기를! 하여 모든 세포들을 완전하게 충전하여 몸이 부패한 상태라 할지라도 다시 살릴 수 있게 되기를!" 하지만 그대들은 그런 능력을 보여주지 않았고, 그래서 예수는 시범을 보여줄 필요가 있었다. 이런 연유에서 예수는 세상에 그것을 기꺼이 보여주었던 것이다.

깊디깊은 사랑에서 우러나온 그의 희생에도 불구하고, 많은 이들은 그 메시지를 파악하지 못했다. 예수는 하나님의 아들이었고, 그대들이 말하듯이, 동정녀에게서 태어났으며, 그것이 그를 달리 보이게 했다. 육에서 태어나 죽어질 운명을 살아가는 그대들은, 하나님의 아들이 행한 그런 일들을 자신도 할 수 있으리라는 생각은 감히 하지 못한다. 그런 시도조차 하지 않는 완벽한 이유를 갖고 있는 셈이다.

그대들은 그대들의 위대한 교사인 '사랑의 희생양'을 헛되이 만들고 있다. 그는 내심 모든 이들이 따르기를 바라면서 본보기가 될 만한 삶을 살았지만, 그대들은 그를 이해하려고 하지도 않고 관심도 갖지 않았다. 그대들이 그렇게 무관심과 몰이해의 모습을 보일 때마다, 그대들은 십자가에 못 하나를 더 박고 있는 것이다. 더 나아가, 그대들은 그가 아닌 그대 자신의 참자아를 십자가에 못박고 있는 것이다. 거듭 거듭 못박고 있는 것이다.

예수가 하나님의 아들인 것과 마찬가지로 그대들 또한 하나님의 아들이기 때문에, 그대들 각자 안에 있는 영혼은 나의 살아 있는 한 부분이다. 그대가 그것을 온전히 받아들여서 중심이 바로 서면, 그대의 몸은 그대의 위대한 스승이 그랬던 것처럼 파괴되지 않게 될 것이다. 그대는 바람처럼 오고 갈 수 있을 것이고, 그 누구도 그대가 어디서 와서 어디로 가는지 알지 못하리라, 예수가 그랬던 것처럼. 그대의 몸은 나의 '거룩한 영'이 지닌 고도의 잠재력을 그대로 실행할 수 있는 빠른 진동수의 기관과 조직으로 변화될 것이기에. 그대가 '삶은 영원하다'는 진리를 계시하기 위해 죽음으로 희생을 하고 또 부활을 하기로 선택한다면, 그대는 넉넉히 그 보상을 받게 되리라. 표면적인 마음에 사로잡혀 믿지 않는 자들에게 보여주기 위하여 행해지는 그런 희생은, 그대의 영혼 안에 충만해 있는 사랑에서 흘러나온 것이기에, 그대의 그 사랑으로 인해 태양계 전체가 떠올라서 구석구석 사랑으로 깊이 깊이 적셔지리라.

그대가 이런 희생을 실천하고 있는 동안, 겉거죽으로 판단을 내리는 제한된 비전을 지닌 인간의 마음은, 그대가 맞게 되는 최후를 지켜보고는 연민을 느끼게 되리라. 인간들이란 성자들이 고통 당하는 것을 보고 그들의 고통에 많이 아파하면서도 믿지 않는 자신들의 마음이 그런 고통을 초래한다는 것에 대해서는 조금도 생각이 미치지 않기 일쑤이다. 또한, 나의 '영'이 하늘나라의 천사들과 함께 지척에서 모든 것을 지켜보면서, 사람들로 하여금 징조를 받아들이도록 희생을 한 그 사람에게 크나큰 보상을 할 준비를 갖추고 있는지에 대해서는 까맣게 알지 못한 채. 성인의 희생을 통해 삶의 영원성을 이해하는 사람들이 극소수에 지나지 않다 하더라도, 우리는 그런 일이 잘 이루어진 것을 기뻐하면서 그 장면을 떠난다. 그럼에도, 언젠가는 모든 인류가 겉모습에 속지 않고 나의 '빛'을 볼 수 있게 되리라.

나의 아름다운 행성 지구 위로 '깨달음의 새 시대'가 이미 동터 오고 있다. 수많은 사람들의 마음속에서 많은 미신들과 거짓된 해석들이 떨어져 나가고 있고, 의식의 새로운 차원을 향해 위로 위로 상승하고 있는 중이다. 의식이 상승된 사람들은 나의 권능을 계시하는 사람을 공격하지 않는다. 해를 입힐 생각은 조금도 내지 않는다.

의식이 상승되지 않은 사람들은 진리를 계시하는 사람을 무시하고, 그가 하는 진리의 말을 이해하지 못한다. 그의 말은 너무나 간단하지만 실천하기가 어렵고, 폭력적인 의도를 가지고 그에게 접근하는 사람의 의식 수준에서는 도저히 받아들여질 수 없는 것이다.

겉거죽으로 판단하면서 살아가는 사람들이 다람쥐 쳇바퀴 돌리는 것 같은 삶에서 벗어나 위로 위로 상승하는 것이 나의 뜻인 줄 알면서도 그토록 호응하기 어려운 것은, 널리 진리로서 받아들여져 왔던 잊혀진 개념들, 한계 없는 내면의 힘과 모두가 영원한 삶을 살 수 있다는 믿기지 않는 개념들을 받아들이고 실천하는 일에 선뜻 마음을 내려고 하지 않기 때문이다.

나의 불행한 지구 아이들은 그리스도가 품고 있는 메시지인 기쁜 소식을 듣게 되면 기뻐해야 마땅하다. 하지만 어떤 이들은 두려움이나 의심 때문에, 혹은 낡은 견해들을 의식에서 밀어내기 위해 다소간 소요되는 정신적인 노력 때문에, 그것을 거부한다. 그럼에도 불구하고, '그리스도 영'을 억눌러 오면서 그대들을 그토록 오랫동안 나의 나라, 나의 왕국으로 오르지 못하게 해왔던 것이 바로 선과 악의 혼합물을 믿는 이러한 옛 믿음들이다. 그대는 이런 낡아빠진 견해들이 더 좋은 것들을 위하여 자리를 내주고 스러져가는 것을 기뻐해야 마땅하다. 그것들은 여기저기에서 변이를 일으키지만 다 똑같은 견해들로서, 세대에서 세대로 이어져 내려오며 사람들이 집착하고 퍼뜨려 왔던 것들이다. 사실, 그것들로 인해 세상이 더 나아졌다고는 결코 말할 수 없다.

그러한 관행으로 인해, 그대들은 노출된 개념들을 무엇이든 받아들여 왔고, 조상들이 했던 방식을 별다른 의심 없이 받아들여 왔다. 예수가 독립적인 사고의 길을, 그대들 생각의 힘을 창조의 힘으로 정렬시키는 길을 계시했음에도, 그대들은 받아들이지 않았다. 그대들은 우주 법칙에 그대 자신들을 적용시키지 못한 것이다. 그대들 종족의 믿음을 떠나 도도히 밀려오는 '생명의 강'에 그대 자신을 맡겨야 했지만, 그대는 그러지 않았다. 그대의 타고난 독창성이 표현되고 영원히 펼쳐지기 위해 그 기회를 갖도록 '더 많은 풍요를 가져오는 길'에 그대 자신을 정렬해야 했지만, 그대는 그럴 마음을 내지 않았다.

그대들의 조상들 중에는 '삶이 영원하다'는 메시지를

이해한 이가 거의 없다는 사실을 역사는 증거하고 있지 않느냐? 조상들의 믿음을 고수한다면, 조상들이 조상들의 믿음에 의해 받은 혜택보다 더 많은 혜택을 어떻게 기대할 수 있겠느냐? 그들의 발자취를 따라간다면, 그대는 결국 그들이 빠질 수밖에 없었던 죽음의 구렁텅이 속으로 들어갈 수밖에 없지 않느냐?

그대가 그대 의식의 중심을 나의 왕국으로 들어가는 마음의 '문' 안쪽으로 이동시키고자 한다면, 별들 사이에 있는 '실재'의 천국 정원을 그대에게 열어줄 마음의 '문' 안쪽으로 의식의 중심을 대전환하고자 한다면, 인간 종족의 믿음으로부터 떠나는 것이 가장 첫 번째 관문이다.

상상해 보라. 나의 모든 자녀들이 나와의 관계에 대한 진실을 배우고, 그것을 씨줄 날줄 삼아 그들의 모든 생각과 행동을 짜 나간다면, 이 지구는 얼마나 놀라운 장소가 될 것인가? 평화의 비둘기가 하얀 날개를 펼치고 날아오르는 것처럼, 사람들의 삶은 평화와 행복만을 노래 부르리라. 보라, 내가 만물을 새롭게 하리니, 나의 거룩한 성전인 그대들의 몸 또한 달라지리라. 나의 '영'으로 충만해질 때, 그대들의 몸은 보이지 않게 변할 것이다. 왜냐하면

그대들 중 극소수는 자기 자신이 '장엄한 우주적 존재'임을 알기 시작하고 있다. 그대는 나의 '말'을 숙고함에 따라 자기 자신을 새롭게 알아가기 시작하였다. 그대는 말할 수 없는 이러한 계시를 금빛 침묵으로 품고 길러내어 모든 어둠의 힘들을 막아낼 수 있게 되리니. 그것은 만질 수도 없고 묘사할 수도 없는 것이고, 캄캄한 터널에서 바라보는 빛나는 별처럼 그대의 내면에서 빛나는 광휘가 되리니.

나의 '영'은 능력이 있어서 단 하나의 기관도 열리지 않은 채로, 변하지 않은 채로 남아 있는 것은 없을 것이기에. 나의 형상과 모습이 지상 위에 불어나도록 허용되는 그 위대한 날에는, 돌멩이 하나도 변하지 않고 그대로 남아 있는 것이 없으리라.

지금도 그대들 중 극소수는 자기 자신이 '장엄한 우주적 존재'임을 알기 시작하고 있다. 그대는 나의 '말'을 숙고함에 따라 자기 자신을 새롭게 알아가기 시작하였다. 그대는 말할 수 없는 이러한 계시를 그대 느낌의 저장고에 담아두고, 금빛 침묵으로 품고 길러내어 모든 어둠의 힘들을 막아낼 수 있게 되리니. 그것은 만질 수도 없고 묘사할 수도 없는 것이고, 캄캄한 터널에서 바라보는 빛나는 별처럼 그대의 내면에서 빛나는 광휘가 되리니. 그대는 그것을 다른 사람들과 공유할 수가 없다. 지성적인 알음알이로는 가 닿을 수 없는 것이기에.

하지만 그대가 이 계시를, 그대 내면의 진리의 그리스도 아이를 품고 기름에 따라, 그대 또한 동정녀 탄생을 경험하게 될 것이고, 그러면 나는 나의 영광스러운 진리를 세상의 지붕꼭대기에서 외칠 수 있도록 그대에게 말들을 주리라.

밥상에 오른 잘 익은 토마토를 보고 토마토의 씨를 떠올리기란 어려운 일이다. 씨가 심어져서, 물을 주고 거름을 주면, 자라나서 열매를 맺는다. 열매가 익으면, 그것을 따는 데에는 한 순간이면 족하다.

그대의 진정한 정체성을, 그대의 주인 됨을 온전히 깨닫는 것은, 어느 날 갑작스럽게 폭발하듯이 꽃피어나는 것처럼 보이겠지만, 진리의 씨가 뿌려지고, 자라나고, 익어가기까지에는 시간이 걸리게 마련이다. 그렇다고 수천 년이 걸리는 것도 아니고, 수백 년이 걸리는 것도 아니다. 몇 년, 혹은 몇 달, 혹은 몇 주일이면 될 수도 있다. 그것은 전적으로 그대의 마음가짐과 열정에 달려 있다.

그대는 물론 내가 일을 성취시킬 것임을 잘 안다. 그렇다고 해서 그대는, 어떤 초인적인 결정을 통하여 그대 자신이 변신하게 될 것이라고 기대해서는 안 된다. 그대는 단지 그대의 미래를 나에게 전적으로 믿고 맡기고, 나의 뜻이 이루어지도록, 그대의 의도를 나의 것과 일치시키려는 뜻과 의지를 보여주면 된다. 나의 '말'을 이해하고,

그대의 마음을 고요하게 함으로써 그렇게 나의 의도와 합할 것임을 보여주기만 하면 된다.

그대가 확고한 발판을 다지기만 하면, '나의 말'은 그대의 의식 안에서 무럭무럭 자라나게 되리라. 물론, 건강하게 자라게 하려면 유념해야 할 것들이 있다. 마르거나 시들지 않도록 그대의 믿음으로 물을 주어야 하고, 그대의 기도로 양분을 주어야 한다. 믿음과 기도를 꾸준히 계속해 가면서, 나머지는 인내심을 갖고 나에게 맡겨야 한다.

토마토는 그것을 돌보는 농부의 힘에 의해 자라는 것이 아니다. 토마토가 자라고 성장하는 힘은 나에게서 나온다. 그대 내면에 자리한 나의 진실, 나의 진리는 자라나고 무르익을 것이지만, 그것은 그대의 힘에 의해서가 아니라 나의 힘에 의해서 그렇게 된다.

그대가 의식적으로나 무의식으로 그리스도의 기쁜 소식을 받아들이게 될 때까지, 그대는 하위창조의 망 안에서 걸려 넘어지는 일을 계속해서 경험할 것이다. 원인과 결과의 수레바퀴 위에서 빙글빙글 돌기도 할 것이고, 혼돈

속에서 그 바퀴에 휘감기기도 할 것이다. 빠른 속도로 달리는 바퀴의 살을 붙잡으려고 애쓰다가 그대를 향하여 내뻗는 나의 손을, 바퀴로부터 그대를 자유롭게 해주려고 하는 나의 손을 보지 못하는 일을 겪게 되리라.

내가 그대들에게 부여하는 각각의 삶은 그대의 손을 나의 손에 맡기기 위한, 그리하여 나로 하여금 그대의 몸과 마음을 신의 수준으로 끌어올리게 할 새로운 기회이고, 두 번째 세 번째 네 번째 기회이며, 영원히 계속되는 기회이다. 기회를 붙잡기만 하면, 그대는 눈에 보이는 모습들에 더 이상 사로잡히지 않고, 지배권을 갖게 된다.

나의 전 우주는 매우 질서정연하게 이루어져 있다. 나의 은하 전체는 동일한 일반적 패턴을 따르지만, 그대가 그 패턴을 탐구하기 시작하면, 그대는 세부적으로는 똑같은 것이 어떤 것도 없다는 것을 발견하게 될 것이다. 나의 모든 태양들은 둥글고, 각이 진 것이 없다. 나의 미세우주들은 근본적으로 비슷한 구조를 띠고 비슷한 성능을 갖고 움직인다.

나의 모든 자녀들은 모두가 다 신의 완전함을 갖도록

의도되었다. 그대 '존재'의 패턴들 안에는 그대의 독창성이 포함되어 있고, 각자의 독창성을 표현할 자유를 갖도록 되어 있다. 하지만 그대는 먼저 그대가 그대의 '우주적 참자아'를 성취하고자 한다는 의지를 보여주어야 한다. 그대가 이 우주적 완전성을 경험하려면, 그대는 먼저 그대 안에 이미 내재해 있는 '근원 의식'에 눈을 떠야 한다. 적어도 그 기미를 알아차리고, 눈을 뜨려고 해야 한다. 그대가 그대의 인간적인 자아의 목적을 위해서만 살아가는 한, 하위창조의 그물이 그대 주변에 계속해서 무성하게 처질 것이고, 그대로 하여금 '실상'을 보지 못하게 하리라.

나의 뜻을 실현하는 것 말고는 어떤 것도 더 이상 중요하지 않게 될 때, 나는 그대가 그대의 손으로 나의 손을 쥘 준비가 되어 있다는 것을 알고, 그대를 인간적인 운명의 수레바퀴에서 들어올려 그대와 함께 잔치를 벌일 것이다. 정화의 불로 그대의 몸을 순결하게 만들고, 그대의 모든 죄를 다 녹이리라. 태양이 어둠을 녹이듯이. 그대 몸의 세포 하나하나를 모두 다 나의 완전한 영적 질료들로 변환시키리라.

내일을 생각하고 염려하는 한, 그대는 내 뜻만을 이루

어지게 할 의식 수준에 이를 수 없다. 어떤 형태로든 내일에 관심하는 것은, 그대가 여전히 인간적인 자아가 추구해야 할 목적을 갖고 여전히 참여하고 있다는 사실을 무심코 드러내는 짓이다. 또한, 내일에 대한 관심은 그대가 나를 여전히 믿지 못하고 있으며, 하위창조의 그럴듯한 힘을 기대하면서 나를 예배하는 이원성을 아직 벗어나지 못하고 있음을 나타낸다.

언젠가 나로부터 부름받을 수 있다는 믿음을 갖고 나의 영광에서 결코 눈을 떼지 말아라. 어디에도 한눈을 팔지 말아라. 그대가 그대의 하늘 아버지를 전적으로 믿고 의지하려 하지 않는다면, 그대가 나의 '위대한 우주적 존재'임을 내가 어떻게 믿고 신뢰할 수 있겠는가?

예수는 그 날 십자가 위에서 자기 자신을 완전히 포기하고 모든 것을 나에게 맡겼다. 개성과 몸, 표면적인 마음에서 나오는 모든 바람들을 모두 나의 뜻에 내맡겼다. 그의 십자가형은 내가 나의 모든 자녀들에게 요구해야 하는 '자아의 완전한 내려놓음'을 상징한다. 나를 위하여 자기 목숨을 잃는 자는 자신의 위대한 '참자아' 안에서 진짜 생명을 발견할 것이기 때문이다.

그대 겉거죽의 개성은, 나의 왕국 안에서는 거의 가치가 없다. 왜냐하면 그대는 토마토 씨앗과도 같아서, 싹이 트도록 허용하자마자 껍질인 개성은 더 이상 필요치 않게 되기 때문에.

그대의 겉거죽인 자아가 자기를 포기하기까지는 많은 애씀을 필요로 할 수도 있다. 나의 지구상의 자녀들 대부분이 그렇듯이, 그대가 돌이키기 힘들 만큼 습관의 희생양이 되어 살아가고 있다면, 꽤 많은 시간이 소요될 수 있다. 하지만 그대 생각의 낡은 패턴을, 오래된 의심의 습관을 내던지고, 그대 마음의 눈을 통해 그대 자신을 '살아 있는 그리스도'로 그림 그리고, 그 상태에 집중하고 유지하면서, 그대 가슴에서 우러나오는 느낌 또한 이러한 진리에 반응하는 데에 그다지 불안하거나 흔들리지 않는다면, 그대는 넉넉히 보상을 받게 되리라.

이렇게 습관을 바꾸는 일이 처음에는 거의 불가능하게 보일 정도로 변화가 더디다 할지라도, 그대 자신을 연약하다고 비난하고 정죄할 필요는 없다. 나 또한 그대를 정죄하지 않을 것이다. 다만 신을 사랑하는 자에게는 모든 것이 가능하다는 것을 기억하라. 그런 다음, 다시 시도하라.

그러면 그동안 익숙해져 있었던 과거의 생각하는 방식이 무너져 내리고, 그리스도의 본성이 그대의 표면적인 마음에 차츰 스며들어가, 나의 '말'에 의해 씨 뿌려지고 자라온 고매한 이상에 아주 자연스레 융합될 수 있으리라.

4

거룩한 씨앗

그대 존재의 핵심 중의 핵심인

나의 사랑과 지혜가 저장된 '그리스도 센터'는 언뜻 보기에는 다른 모든 것을 허용하지 않는 배타성을 띠고 있는 것처럼 보일지도 모른다. 하지만, 그대가 지금까지 생각해 온 것과는 달리, 표면적인 마음에게도 기실은 많은 쓸모가 있다. 나는 인간의 본성을 신의 본성과 분리시키려고 하는 어떠한 칸막이도 세우지 않았다. 이러한 이유에서, 나누고 분할하는 막대는 실재하지 않는다. 나의 자녀들이 자신의 인간됨을 너무나 엄격하게 믿기 때문에 그 결과 집단 최면에 걸려서 그렇게 보이는 것뿐이다.

토마토 씨앗으로 돌아가서, 다시 한 번 더 깊이 들여다

보자. 그것은 확실히 하나의 씨앗으로서, 서로 엉겨붙어서 특정한 물질의 형태를 이루고 있는 분자들의 집단이 아니더냐? 토마토 씨앗을 한 번도 본 적이 없고 거기에 대해 들은 적도 없는 상태에서 그 씨앗을 본다면, 그대의 눈에는 그것이 아마도 곧 스러져 없어지게 될 작고 의미 없는 물질 정도로 보일 것이다.

그러나 누군가 그대에게 토마토 씨앗에 대해 설명해 주면서, 그 안에는 신의 패턴이 펼쳐지기를 기다리고 있는 무엇인가가 들어 있다고 말하면, 그대는 도대체 그게 무슨 말이냐고 고개를 흔들 것이다. 그 안에는 비활성화된 분자들이 들어 있어서, 때가 되면 연약하지만 싹을 틔우고 나와서 잎이 무성하게 자라나 꽃을 피우고 달콤한 열매를 맺게 될 것이라고 말해도, 그대는 그 말을 아무래도 믿기 어렵다고 할 것이다. 토마토의 실상에 대해 아무것도 모른다면, 그렇게 하잘것없는 것으로 보이는 것이 자라나서 빨간 열매를 탐스럽게 맺을 푸른 식물이 될 것이라고 누가 감히 상상할 수가 있겠느냐? 탐스러운 열매를 거두기 위해 그대가 해야 할 일이라고는, 그것을 땅 속에 묻고 물을 주기만 하면 된다는 말을 들으면, 그대는 폭소를 터뜨릴지도 모른다. 자연의 힘이 놀라운 변화를 일으키게 된다는 그런 기이한 생각이 도무지 믿기지 않으리라.

토마토 씨앗이 겉보기와는 다른 패턴을 품고 있듯이, 그대 또한 자신의 존재가 겉보기와는 전혀 다른 패턴을 품고 있는 하나의 씨앗이라는 말을 들으면, 그대는 상상하기조차 어려울 것이다. 하지만 그대는 토마토를 늘상 보아 왔기에, 토마토의 개념을 충분히 받아들일 준비가 되어 있으리라. 이제, 토마토의 경우를 인간 존재에 적용시켜 보자. 토마토처럼 그렇게 형태가 완전히 변화된 사람을 본 적이 있느냐? 그렇게 근본적인 변화를 경험한 사람을 그대는 개인적으로 누구도 알지 못할 것이다. 인간 존재는 태어나고 자라서, 생각하고 꿈꾸고 창조하다가 결국엔 누구도 예외 없이 죽게 된다. 결코 긴 세월이 아니다. 인간 존재 안에는 무언가 토마토와는 다른 운명의 패턴이 들어 있다 할지라도, 토마토 씨앗에 들어 있는 패턴이 맨눈으로는 보이지 않듯이, 그대의 표면적인 마음에는 보이지 않는다.

이 '거대한 우주적' 패턴이 그대 내면의 어디에 들어 있단 말인가? 그대 자신의 거룩한 씨앗의 핵이 도대체 어디에 있단 말인가? 도대체 그 실재를 어떻게 느낄 수 있고, 그 존재를 어떻게 믿을 수 있단 말인가? 더구나 그런 것을 도대체 어떻게 심고 가꾸고 자라게 할 수 있단 말인가?

'거룩한 씨앗의 핵', 그대의 영혼이 바로 그것이다. 그대의 영혼은 내면의 어딘가에 꼭꼭 숨어 있어서 찾기 어려운 무엇이 아니다. 그대의 영혼은 그대 몸 안의 원자마다에, 분자마다에, 모든 세포마다에 집단적으로 조직화되어 있는 생명력이다. 그대의 영혼은 그대 존재의 총체적 의식이다. 그대의 영혼은 그대를 살아 있게 하는, 그대로 하여금 살아 있음을 경험하게 하는 인식 자체이다. 그대의 영혼은 빛이다. 순수한 빛이다. '생명의 빛'이다.

토마토 씨앗 안에 있는 식물의 패턴이, 적절한 조건이 갖추어지면 자동적으로 풀려나기를 기다리면서 생명력을 안으로 품고 있듯이, 그대 내면에 있는 그리스도 패턴은 적절한 조건이 갖추어지면 풀려나기를 기다리면서, 그대의 생명력 안에 품어져 있다.

토마토의 경우, 그것이 심어지고 나서 자연의 힘과

상호작용을 하기에 충분할 정도로 습기가 유지되어 주변에서 생장에 필요한 것들을 끌어들이게 되면, 생명력이 풀려나게 된다.

그대 자신의 경우, 그대의 마음 자세가 성장에 적절한 조건들을 제공할 때, 자연에 의해 공급되는 건축 자료들을 안으로 끌어들이면서, 생명력이 풀려나서 자라기 시작한다. 필요한 성장 자료들이 토마토에게 필요하듯이, 그대 또한 마찬가지인데, 그것들은 나에 의해서 공급된다. 그대의 태도가 성장에 나쁜 조건들을 야기하지 않는다면, 그것들은 그대에게 쉽게 자연적으로 끌려오게 되어 있다.

그대의 표면적인 마음은 그대의 생명력을 펼쳐 나아가는 데 있어 대부분 적절하지 않다. 그대는 그대가 하나의 영혼을 가졌으며, 그 영혼은 어느 날엔가 육신의 방해를 받지 않게 되면 훨씬 더 자유롭게 자신을 표현하게 되지 않을까, 생각한다. '육신이란 도대체 무엇을 위한 것일까? 신은 어찌하여 내 영혼을 육신 안에 가두어놓았단 말인가?' 그런 의문을 가져본 적이 있는가?

토마토 씨앗도 그런 의문을 가질까? 자신의 생명력이

하나의 작은 씨앗 안에 갇혀 있다고 마음속으로 물음표를 가져본 적이 있을까? 씨앗이 나이가 들어서 죽고, 그래서 생명력이 자유롭게 풀려날 때가 오기를 고대할까? 그렇지 않다. 토마토는 자신이 하나의 목적을 가지고 그 씨앗 안에 존재하였으며, 그 씨앗 덕분에 충분히 성숙하고 온전히 열매를 맺기 위해 자기 할 일을 할 수 있었다는 것을 알게 된다. 토마토는 그 씨앗 안에 자신의 신적인 패턴이 내포되어 있다는 것을 알고, 그것을 실현시킨다.

그대는 인간으로서 몸과 마음과 영혼이라는 세 겹의 존재이다. 그 중 어떤 것이라도 없게 되면, 그대는 번식력이 없는 씨앗 꼴이 된다. 토마토의 생명력이 하나의 씨앗 안에 있지 않다면, 그것은 싹이 나서 자라서 열매를 맺는 자신의 운명을 성취할 수가 없다. 한 인간의 생명력이 몸이 없이 존재한다면, 스스로 새로운 몸의 질료를 옷 입지 않으면 자신의 운명을 성취할 수가 없다. 영혼은 거룩한 씨앗이고, 몸은 영혼으로 하여금 표현을 하게 해주는 탈것(도구)이다. 뇌가 마음으로 하여금 표현을 하게 해주는 도구인 것과 많은 점에서 흡사하다고 할 수 있다.

그대의 영혼은 나의 살아 있는 한 부분이고, 언제

어디에나 존재하는 내 생명의 한 부분이다. 그대의 영혼은 나의 우주 전체를 순환하는 위대한 생명의 정수에 의해 언제나 재생산되고 재활성화된다. 이 생명력은 존재하는 모든 것에 도달하여 만물에 활기를 준다. 영원히 흘러가면서 영원히 새로워지는 의식의 역동적인 여울에서 만물은 하나임을 노래한다.

말로 표현할 수 없는 이 생명력은, 나의 자녀들에 의해 저마다 각기 다른 정도로 받아들여지고 있다. 얼마만큼 받아들이느냐는 전적으로 그대의 태도에 달려 있다. 그대의 몸은 그것을 받아들이는 그릇이고, 그대의 마음(mind)은 그 그릇의 각도를 조종하고, 그대의 가슴(heart)은 이 '생명의 강'을 얼마나 많이 안으로 맞아들일 것인지를 결정한다.

그 강은 그대의 주변 어디에나 흐르고 있다. 그 생명의 강 안에서 그대는 살고, 움직이고, 그대의 존재를 가진다. 그것은 누구나 본래 갖추고 있는 공급원으로서, 그대의 거룩한 씨앗은 그대의 '위대한 우주적 참자아'의 패턴을 그대의 내면에 펼치기 위해 필요한 것들을 거기에서 끌어들인다.

그대의 성스러운 씨앗, 그대 생명의 불꽃은, 그대의 가슴 센터가 완전히 고요해지기만을 기다린다. 그래야 비로소 협업이 가능해지기 때문이다. 그대 안에서 이렇게 협력하는 마음이 커질 때, 신성한 씨앗은 비로소 자라기 시작하고, 인간이라는 껍데기를 쓰러뜨리고 거룩한 변태가 완성되도록 자신의 우주적 패턴을 펼쳐서 성취를 이루게 된다.

그대는 그대 생명의 불꽃을 음미하고 감사하는 법을 배움으로써 많은 것을 얻게 된다. 생명의 불꽃, 그 현존에 집중하고, 그것을 느끼고, 그대 영혼의 깊은 우물에서부터 솟아나는 부드러운 흐름을 음미하고 즐겨 보라. 이 생명의 불꽃은, 그대가 자신이라고 생각하는 인간 의식 그 이상이다. 이 생명의 불꽃이 바로 '그리스도의 빛'으로서, 나는 이 빛을 보내어 그대와 결혼하게 했으니, 그대는 이 빛과 헤어질 수가 없다. 그것을 음미하고 감사하는 법을 터득하는 것만으로, 그대는 그 흐름을 강화시킬 수 있다. 솟아난 그 빛이 꺼질 줄 모르는, 살아 있는 '빛의 샘'이 될 때까지.

생명의 불꽃, 그 현존에 집중하고, 그것을 느끼고, 그대 영혼의 깊은 우물에서부터 솟아나는 부드러운 흐름을 음미하고 즐겨 보라. 이 생명의 불꽃은, 그대가 자신이라고 생각하는 인간 의식 그 이상이다.

이 생명의 불꽃이 바로 '그리스도의 빛'으로서, 나는 이 빛을 보내어 그대와 결혼하게 했으니, 그대는 이 빛과 헤어질 수가 없다. 그것을 음미하고 감사하는 법을 터득하는 것만으로, 그대는 그 흐름을 강화시킬 수 있다. 솟아난 그 빛이 꺼질 줄 모르는, 살아 있는 '빛의 샘'이 될 때까지.

그대가 이 불꽃을 알아차리지 못한 채 겉거죽 살림살이에만 열중하면, '생명의 불꽃'은 차츰 약화된다. 그대는 생명의 엑기스를 그대의 몸에서 쥐어짜 버리게 된다. 하지만 그대는 그것을 파괴시킬 수도 없고, '그리스도의 빛'으로부터 그대 자신을 분리시킬 수도 없다. 왜냐하면 '그리스도의 빛'은 내가 그대의 존재를 빚었던 바로 그 빛에서 나온 것이기 때문이다.

생명의 근본 요소는 그 본질상 성장하고 확장하기 위해서, 점점 더 많은 표현을 추구하기 위해서 존재한다. 확장의 이 법칙은, 자연을 보면 실감할 수 있는 것과 마찬가지로, 그대 안에서도 늘 진실이다. 생명은 항상 기쁨에 넘쳐 노래하면서 앞으로 나아가는 강이다. 그대가 그것을 느끼고 거기에 감사하는 한, 그대의 존재를 통해 출구를 찾는 작은 개울은, 거품을 내면서 흘러가 큰 강이 되어 쇄도할 것이다. 그리하여 그대는 '더욱 더 풍요로운 생명의 강'이 되어가는 아름다운 길을 걷게 되리라.

그대가 '살아 있는 그리스도'가 될 때, 이런 일이 일어난다. 그대는 갑자기 무언가 다른 존재가 되지 않는다. 다른 누군가가 되지 않는다. 그대는 단지 이미 그대 자신인 존재의 충만함을 표현할 뿐이다. 그대는 단지 '생명의 빛'이 앞으로 나아가 더욱 더 확장해 가는 것을 허용하게 될 뿐이다. 그대는 영혼으로 하여금 그대의 몸 왕국을, 그대 자신의 개인적인 혼을 온전히 지배하기 위해 앞으로 앞으로 나아가도록 허용할 뿐이다. 그대의 몸과 마음을 온전히 지배하는 것, 그것이 바로 영혼의 권리이다. 그대는 그렇게 주인에게 주인의 자리를 내어주는 것뿐이다.

그대 안의 생명에 대해 명상을 하라. 생명을 품고 길러라. 그대 안에서 생명이 물결친다는 것은 얼마나 큰 기쁨인가! 그 물결이 두 배, 세 배, 수백, 수천 배로 물결치는 모습을 상상해 보라. 영광스러운 '생명의 빛'은 그대의 감사하는 마음에 반응하여 즉각, 더욱 더 밝게 빛나기 시작할 것이다.

삶이라는 것을 온갖 역경이 늘 따라다니는, 그래서 죽음이 그대를 자유롭게 해줄 때까지 견뎌내지 않으면 안 되는 지루한 것으로 잘못 판단한다면, 참으로 슬픈 일이다. 죽음은 자유에 이르는 길이 아니라, 단지 앞길을 가로막는 장애물일 뿐이다. 그대 몸 안의 생명력이야말로, 그대가 찾고 또 찾는 '자유에 이르는 열쇠'이다.

애벌레와 나비라는 오래된, 익숙한 본보기를 들어 보자. 알에서 애벌레가 태어나면 잠시 동안 살다가 죽을 뿐인데, 거기에서 어떻게 나비가 나오게 될까? 애벌레의 혼은 나비의 신성한 씨앗이다. 애벌레는 배로 기어다니는 하찮은 벌레에 지나지 않지만, 그 안에는 아름다운 나비의 패턴이 들어 있다.

이 경우, 나비가 나오도록 미리 정해 놓은 것이 바로 '나'다. 애벌레는 본능에 따라 순응하고 협력한다. 애벌레는 자신의 분비물로 껍질을 만들어 그 고치 안으로 움츠러든다. 과학자들은 "일련의 결단wave of determination"이 연이어 일어나 변태의 과정이 시작된다고 말해 왔다.

정말 그렇다! 이런 결단이 시작되면 애벌레의 뇌 속에 있는 작은 세포들로부터 호르몬이 분비되는데, 이 호르몬은 애벌레의 다른 내분비샘으로부터 여러 가지 호르몬들의 분비를 촉진하고, 작은 고치 안에서 은밀하고도 고요하게 변화의 기적이 일어나서 패턴이 완전히 성취되는 일이 시작된다.

완전히 다른 종류의 창조물인 밝은 빛깔의 나비가

홀연히 나타나서, 땅 위의 이곳저곳을 자유롭게 날아다닌다! 애벌레에게는 전혀 새로운 차원의 일이 벌어지는 것이다. 하찮은 작은 애벌레에게, 사라져버린 껍데기에게, 도대체 무슨 일이 벌어진 것일까?

그대에게는, 성취가 미리 운명지어져 있지 않다. 그대는 그대의 '거룩한 생명의 씨앗'이 의식적으로 이해되고 무의식적으로 받아들여질 때까지, 거듭해서 살고 죽고 살고 죽는다.

그대가 '생명의 빛'을 그대의 내면에 있는 더 높은 차원으로 가는 통로로서 받아들일 때, '일련의 결단'이 그대 안에서 일어날 것이고, 마음가짐이 달라져서 마침내 변신을 위한 작전에 들어가게 될 것이다. 애벌레나 토마토 씨앗과 마찬가지로, 그대는 변화되기 시작한다. 이제야 비로소 지휘권을 갖게 된 영혼은 본래 지혜로워서, 그대의 육신이 더 빠르고 정제된 자아로 변화되는 데에 취해져야 할 모든 단계를 이미 알고 있다.

영혼의 지혜, 그것이 바로 '나'이고, 그대 안에 거주하는 '근원 의식'이자 '아버지 의식'이다. 그 의식은 그대를 위해 놀라운 일을 해내리라. 본래 풍요롭게 갖추어져 있는 생명의 질료들로 그대를 재건축하리라. 전 우주를 채우고 있는 '항상 흐르는 강', 나의 '거룩한 영' 안에서.

5

거룩한 영

그대 안에 내재된 '생명의 빛'이 용솟음쳐서 더 많이 발현됨에 따라, 그대는 그동안 겉거죽 살림살이에 매달렸던 제한된 마음 씀씀이로 인해 전적으로 간과해 왔던 '실상'을 알아차리기 시작한다. 그대는 그대의 형제 예수가 했던 말을 이해하게 되리라. "이제 내 아버지께서 내 이름으로 보내실 '위로자'*, 곧 '거룩한 영'(성령)이 이 모든 것을 너희에게 가르쳐줄 것이고, 또한 내가 너희에

---

* '위로자'로 번역된 헬라어 파라클레토스(παράκλητος)는 '돕기 위해 곁으로 부름 받은 자'라는 뜻으로, '돕는 분'이나 '보혜사(保惠師)'로도 옮겨졌으며, '거룩한 영'(성령)으로 번역된 헬라어 프뉴마(pneuma)는 구약의 히브리어 루아흐(ruach, 하나님의 영)와 대등한 의미를 지닌다. 영어로는 Holy Spirit, 혹은 Holy Ghost로 옮겨진다.

게 말한 모든 것을 너희가 기억해낼 수 있도록 그가 너희에게 또다시 일깨워줄 것이다"(요한복음 14:26).

이 '위로자' 곧 '거룩한 영'은, 영원히 흐르는 '강' 같은 것이다. 그대가 거기에 젖줄을 대면, 그대는 더욱 더 풍요로운 삶을 누릴 수 있게 된다. 나는 어느 영혼들이나 다 '그 생명의 강'에서 영적 양식을 공급받을 수 있게 해놓았다. 표면적인 마음으로만 살았던 그대가 바른 조건들과 바른 환경으로 마음을 재설정하기만 하면, 그대는 이 '거룩한 영'으로 가득 채워질 것이고, 그 영은 그대를 위해 새로운 차원의 '문'을 열어 주리라.

'거룩한 영'으로부터 폭발적인 영적 양식을 공급받고 그로 인해 새로워지는 과정은, '거듭남'으로 묘사되어 왔다.

그대가 하늘 왕국에, 새로운 차원에 들어서기를 원한다면, 그대는 거듭나지 않으면 안 된다. 그대는 '영'으로 태어나야 한다. 나의 많은 자녀들이 거듭난다는 것의 신비를 이해하고 그 의미를 파악하려고 진지하게 애써 왔지만, 거듭남이란 단지 마음을 활짝 열고 그대들을 내내 활성화시켜 왔던 생명력의 더 막대한 풍요로움을 받아들이는 단순한 한 걸음에서부터 시작된다는 것을 깨달은 이는 실로 드물다.

그대 생명의 불꽃은, 토마토 씨앗이 필요한 것들을 끌어당기듯이, 애벌레가 고치를 짓기 위해 필요한 물질들을 끌어당기듯이, 자기 자신을 더 키우기 위해 필요한 자원들을 끌어당긴다. 어느 경우이든, 이 생명의 재료들의 본래 원천은 '거룩한 영의 강'이고, 각각의 생명체들은 저마다 자신의 본성과 필요에 따라 이 원천으로부터 필요한 재료들을 흡수하게 되는 것이다.

고대인들에게 이 강은 '홀리 고스트the Holy Ghost', 곧 '하늘에서 내려오는 보이지 않는 힘'으로 알려졌다. 사람들이 자신들의 주의를 나에게로 돌리고, 마음을 다해 인간적인 힘의 한계 안에서 모든 것을 바르게 살려고 애쓰게 되면, 하늘에서 선물을 받게 되는데, 그 선물을 '홀리 고스트'라고 불렀던 것이다.

나의 '도ways'는 영원하고 바뀔 수 없는 것이므로, 옛날 사람들이 그랬던 것과 마찬가지로, 지금 이 순간에도 사람들은 '거룩한 영'으로 채워질 수 있다.

그것이 가능할 뿐만 아니라 실제로 아주 쉬울 수 있는 까닭은, 오늘날에는 과학이 '거룩한 영'의 존재를 증명할 수 있을 정도가 되었기 때문이다. 반면, 고대 세계에서는 보이지 않는 나의 본질로 인해 웬지 귀신스럽다고 여겨지는 구석이 많았고, 강력한 믿음과 풍부한 상상력이 결합되어야만 '거룩한 영이 실재한다'는 생각을 받아들일 수 있었다.

오늘날, 과학자들 중에는 우주선cosmic rays 연구에 몰두하는 이들이 있다. 우주선은 우주 깊은 곳 모든 곳에서 오는 것으로 탐지되는데, 그 중에는 높은 에너지를 지니고 있고 도저히 멈출 수가 없는 것들이 많다. 그것들이 대기 속으로 돌입해 들어오면, 지구 표면에 퍼부어져서 지구 전체로 퍼져 나간다. 이들 우주선과 비슷하지만 상대적으로 에너지가 낮은 것들이 태양에서도 계속 뿜어져 나오는데, 나의 아름다운 행성 지구 위에 많은 양이 쏟아져 내린다. 낮은 에너지의 광선들은 대기 중의 원자들과 충돌함으로써 부서지기도 하는데, 그럼으로써 수많은 다른 형태의 소립자들로 바뀐다. 하지만 우주 깊은 곳에서 오는 가장 높은 형태의 에너지는, 부딪혀서 붕괴됨이 없이 안전하게 땅 위로 떨어져 내린다.

이렇게 막대한 우주의 질료들 안에는 원자들을 만들어내는 근본 소립자들이 모두 들어 있다. 인간이 기술적 노하우를 가졌다면, 이들 '영'의 우주선들을 '붙잡아서' 그것들을 결합시켜, 동물이든 식물이든 광물이든 인간 자신이 원하고 필요로 하는 질료가 무엇이든지 필요한 종류의 원자들을 만들 수 있었을 것이다.

'보이지 않는 나의 날것으로서의 질료', 곧 '생명력'이라고 할 수 있는 이 우주선들은 근본 요소the mother element라고 불려왔다. 그것들은 마치 거대한 강들처럼 전 우주를 언제나 순환한다. 그것들이 다 소모되는 일은 영원히, 절대적으로 있을 수 없다. 그것들은 써도 써도 다함이 없을 것이다.

나는 이 놀라운 '생명의 강'으로 온 우주를 채웠다. 나의 사랑하는 자녀들이 필요로 하거나 원하는 모든 것을 다 공급해 주기 위하여. 그것이 바로 내가 '생명의 강'을 온 우주에 없는 곳 없이 흐르게 한 가장 중요한 이유이다.

그대가 과학을 믿는다면, 그대는 하늘에서부터 퍼부

어지는 '우주 입자의 비rain of cosmic particles', 지구상의 만물을 언제 어디에서나 관통하고 있는 이 보이지 않는 신령스러운 질료를 믿게 될 것이다.

이 근본 요소는 모든 것을 내포하고 있는 '빛', 모든 사람들에게 모든 것인 '빛'으로 묘사되어 왔다.

그대가 '영'으로 태어날 때, 그대는 이 '빛'의 현존에 대해 알게 될 것이고 믿게 될 것이다. 또한 그것이 무엇을 위해서 보내지는지 그 이유를 알고 또 믿게 될 것이다. 그대의 신성한 생명의 씨앗은 그 빛을 끌어당기고, 아무런 해함이 없이 전적으로 거기에 협력하게 된다. 그 빛은 그대의 모든 필요를 채워줄 뿐만 아니라, 생명 자체의 확장된 의식을 회복하게 해줄 것이다. 그대의 삶을 더욱 풍요롭게 해주고, '살아 있음'의 느낌을 더욱 증폭시켜 주는 원천이 되어줄 것이다.

그렇다, 나의 '말씀'으로 알려진 성경이 그대에게 전하듯이, 그대의 눈이 하나가 되어 나의 영광에만 초점이 맞추어질 때, 그대의 몸 전체가 '빛'으로 가득 차게 되리라.*

그대의 지친 육신이 이렇게 역동적으로 쇄도하는 '빛'을 도대체 어떻게 감당할 수 있단 말인가? 처음에는 믿기 어려울지도 모른다. 그럼에도 그대는 그대의 몸이 '영'의 성전임을 인정할 준비를 갖추고 있다. 그대는 이런 개념을 들어 왔고, 받아들여 왔다. 그대는 '영'이 언젠가는 발견되고, 연구되고, 더디지만 확실하게 이해될 날이 오리라는 것을 알고 있지 않느냐? 있는 그대로 신비 자체인 몸은, 과학 기술에 의해서도 많은 비밀들이 속속 밝혀지고 있지 않느냐?

오래지 않아, 몸과 위대한 생명력이 서로 어떻게 관련되는지 그 신비가 온전히 드러날 것이고, 증명될 것이다. 몸이 왜 어떻게 '영'의 성전인지, 온전히 알려지게 되리라.

---

* 누가복음 11:34은 한글 번역본에서 "네 눈은 몸의 등불이다. 네 눈이 성하면, 네 온 몸도 밝을 것이요"로 옮겨져 있지만, 헬라어 원문을 반영한 킹제임스 버전(KJV)은 "네 눈이 하나이면"이라는 뜻으로 옮겼다. "The light of the body is the eye: therefore when thine eye is single, thy whole body also is full of light." 여기에서 "눈이 하나가 되면"이라는 뜻은 "영의 눈이 뜨이면"으로 해석될 수 있을 것이다.

그대의 몸은 아주 민감한 '영'의 질료로부터 형성되었다. 지상의 흙으로 빚어졌다는 케케묵은 개념과는 전혀 다르다. 그대는 결코 흙먼지가 아니다. 그대가 그런 케케묵은 개념을 선택하고 받아들인다면, 영원한 생명보다 죽음을 믿기가 더 수월하다고 생각한다면, 그대는 '흙먼지'에 지나지 않을 수도 있다. 그러나 그대에게는 확실히 선택권이 주어져 있다.

세상에 태어나 몇 주를 지내는 동안, 그대는 아주 급속하게 증식되는 세포들로 이루어진 아주 작은 태아에 지나지 않는다. 그대는 엄마의 몸으로부터도 완전히 보호되는, 양수가 든 아기집 속에서 지냈다. 엄마로부터 태아 세포들로 피가 통해서 전해지는 것도 아니고, 어떠한 신경도 엄마의 육신에 연결된 상태가 아닌데도, 태아는 잘 지낸다. 대체로 12주가 되어서야 그대는 엄마의 혈관으로부터 태반을 통해 영양분을 공급받기 시작한다.

세상의 어떠한 영양 공급도 없이 지내는 첫 12주 동안, 그대의 성장 정도는 실로 막대하여, 그대는 매우 바쁜 아기라고 할 수 있다. 성냥개비의 머리꼭지보다 크지 않은 그 무렵, 그대는 벌써 뇌와 입을 가졌고, 턱이 형태를 잡기 시작한다. 12주가 끝나기 전에, 그대는 조그마한 팔과 다리, 뼈, 근육, 피, 내장 기관들을 갖게 되고, 심장은 벌써부터 뛰고 있다. 훨씬 더 많은 성장 발달 과정이 남아 있긴 하지만, '아무 음식 공급도 없는' 그 12주 동안, 그대의 아기 몸은 뚜렷이 한 개인의 세포 구조를 갖추게 된다.

'인간'이 성장해 가는 이러한 기적은, 그대의 거룩한 생명의 씨앗이 나의 지혜를 풍부하게 부여받고, 자기 자신을 위한 성전을 짓는 데에 필요한 미묘한 질료들을 '편재하는 거룩한 영'으로부터 끌어당김으로써 이루어진다.

그 결과, 그대는 전지전능한 내가 부드러운 사랑의 돌봄으로 축조한 몸 안에서, 참으로 소중한 힘과 재능들을 내가 주의 깊게 심어 놓은 몸 안에서 살아가게 된다. 이 힘과 재능들은 온전하게 쓰여지는 일이 거의 없음에도, 줄어드는 일이 없다. 그것들은 그대의 잠재의식의 보물 상자 안에 들어 있어서, 그대의 의식이 고양되고 그대의 '전지한 그리스도 마음'이 활성화되면 언제든지 활용 가능해진다. 그대의 '제한된 표면 의식'에는 이 힘들이 가능성의 범위 너머에 있는 것으로 여겨지겠지만, 그대의 '근원의식'에는 아무런 한계가 없어서, '가능한 영역'이나 '불가능한 영역' 같은 것이 아예 존재하지 않는다.

그러므로 '어머니 빛'으로 채우고 그것을 활용할 수 있는 그대의 능력은, 전적으로 그대의 '잠재된 마음'의 깨어남에 달려 있고, 그대의 표면의식이 자랑하곤 하는 '노하우'와는 아무런 상관이 없다. 그대의 표면의식은 그대의 폐로 받아들여지는 산소를 어떻게 활용할지 그 방도를 알고 있는가? 그대의 표면의식은 빛과 색의 진동을 받아들여서 그것들을 그대의 눈으로 볼 수 있는 '세상의 그림들'로 변환시킬 수 있는 방법을 알고 있는가?

그렇지 않다. 그대의 '거룩한 영'을 감화시켜서 변화시킬 수 있는 능력은, 내가 그대 안에 거주하도록 내가 부여한 신성한 힘들 중의 하나이다. 그대의 소중한 힘들 중 하나인 그 능력은 무시되고, 소홀하게 여겨지고, 잊혀지고, 사용되지 않은 채 잠재의식의 보물 상자에서 잠자는 상태로 있어 왔다.

위대한 생명력이 자기 자신을 그대 안에서나 자연을 통해서 표현할 때, 미세우주 차원에서부터 필요한 활동이 일어난다. 삶 속의 아주 작은 것들이 차이를 만들어낸다.

의식으로 하여금 경험을 하게 만드는 화학적 과정이 그대의 맨눈으로는 보이지 않는 영역에서 매우 질서 있게 영속적으로 진행된다. 그대는 현재, '특화된 화학 작업장'이라고 불리는 것이 합당한 '하나의 유기체' 안에서 살고 있는 것이다. 수많은 분자 질료들을 허물고 세포들이 시시각각 필요로 하는 것들을 합성하는 일이, 세포가 활동하는 미세우주 세계에서 빛의 속도로 행해지고 있다.

표면의식은 이런 일이 어떻게 이루어지는지 전혀 알지 못한다. 표면의식으로는 인식할 수 없는 차원에서 수행되는 일이기 때문이다. 그 일은 영혼의 지혜에 의해서 방향이 잡혀서 행해진다. 표면의식의 환경과 의도는 그럼에도 매우 중요한 역할을 한다. 그것들은 몸이 생명의 역동성을 활짝 열어서 자유롭게 흐르게 할 것이냐, 아니면 조금씩만 흘러나오게 할 것이냐를 결정한다. 인간의 개체성에 기인한 '표면적 마음의 소란스러움'은 밀려오는 물길을 막기 위해 가로질러 쌓아 올리는 댐과도 같다. 하지만 표면의식이 고요해져서 오직 나의 영광에만 집중한다면, 표면의식은 더 이상 강을 가로지르는 댐이 아니어서, 물이 흐를 수 있도록 통로를 열어놓게 된다.

그리스도의 메시지가 그대를 향해, 마음을 새롭게 하여 변화되어야 한다고 가르치는 이유가 바로 여기에 있다.

그대의 소란스러움이 잠잠해지고, 그대의 마음이 그대의 믿음을 통하여 고요해질 때, 그대는 비로소 변화를 위해 나의 힘을 충분히, 다양하게 사용할 수 있게 된다.

변화를 위해 이렇게 신성한 힘들을 사용하는 것은, 그대의 특권일 뿐만 아니라 그대의 의무이자 책임이기도 하다. 그것이 바로 그대가 살아야 하는 이유이다. 그것이 바로 그대가 '나의 양들'을 먹이는 방법이다. 그대가 그대의 형제들을 돕는 길은, 그대의 형제들에게 '그대가' 할 수 있는 것을 보여주는 데에 있는 것이 아니다. 그대의 형제들 중 누구라도 예수가 가르친 진리를 사는 법을 배우고자 하는 이가 있다면, '그가' 스스로 무엇을 할 수 있는가를 보고 듣고 느끼고 행하도록 도와주어야 한다. 그것이 형제를 진실로 돕는 길이다.

그대가 이 말들을 믿을 수 있다면, 그대는 온전한 고요함 속에서 그대의 삶을 영위할 수 있을 만큼, 그래서 그대 자신의 '인간적인' 눈으로 내가 말한 진리를 마침내 이해할 수 있을 만큼, 믿음을 발전시키게 될 것이다.

그대 가슴의 저장고는 '거룩한 성배'로 바뀔 것이다. 나의 '거룩한 영'을 존재 전체로 흡수할 듯이 받아들이고, 그것을 확대 증폭시켜서, 그것을 필요로 하는 세상에 반영시키는 영광스러운 센터로 전환될 것이다.

그대의 표면적인 마음이 그 진리를 알았다면, 이것을 가능하게 하는 마음가짐을 갖는 데에 필요한 변화를 그대는 이미 이루어낸 것이다. 하지만 나에 대한 그대의 개념은 여전히 모호한 상태로 남아 있어서 그대는 온 마음으로, 온 영혼으로, 온 힘을 다하여 나를 사랑해야 하는 이유를 아직 알지 못하였다. 그대는 왜 무슨 이유로 그대의 눈을 나의 영광에만, '빛'에만 집중해야 하는지 그 이유를 알지 못하였다. 그대가 진지하게 나를 사랑하려고 한다면, 그것은 '무언가를' 사랑한다기보다는 '무無'를 사랑하는 것에 더 가깝다고 해야 할 것이다. 당연하게도, 그대는 뭔가 눈에 확실하게 보이는 어떤 것을 사랑하려는 세상적인 마음으로 돌아가곤 한다.

나는 언제나 문을 두드리고, 두드리고, 또 두드리면서 그대 앞에 서 있다. 나의 '영'은, 그대가 문을 열기만 하면, 그대의 삶에 훨씬 더 많은 풍요로움을 선물해 줄 수 있다.

그대가 그대 자신을 온전한 고요 속에 유지하는 법을 배워서, 그대의 영혼 안에 이미 거주하고 있는 '생명의 빛'으로 하여금 이 유력한 '영'의 힘의 증가를 받아들이도록 그대의 조직과 기관을 대비시키기만 한다면, 그 무엇도 그대의 육신을 파괴시키지 못할 것이다. 그대의 '생명의 빛'은 그대의 성전 전체에 작용하여, 정화의 불길로서 부드럽게 솟아날 것이고, 그러면 그대를 물들이고 있었던 모든 악과 부정성이 청소될 것이다. 세상적인 믿음들이 저장된 뇌세포들은, 더럽혀지지 않은 우주의 근본 요소들로부터 형성된 새로운 세포들로 교체되리라.

그대의 몸은 '불에 타고 있으면서도 불타 없어지지 않은 덤불숲'같이 될 것이다.* 사실, 순수한 마음만이

---

* 호렙산에서 양을 치던 모세는 어느 날 '불에 타고 있으면서도 불타 없어지지 않는' 떨기나무 덤불에서 "모세야, 모세야!" 부르는 소리를 듣는다. 누구냐고 묻는 모세의 질문에 그 존재는 "나는 스스로 있는 자"라고 답변한다(출애굽기 3장 참조).

나는 언제나 문을 두드리고, 두드리고, 또 두드리면서 그대 앞에 서 있다. 나의 '영'은, 그대가 문을 열기만 하면, 그대의 삶에 훨씬 더 많은 풍요로움을 선물해 줄 수 있다.

'결코 다 타버리는 일이 없는' 나의 '거룩한 영'을 온전히 받아들일 수 있다. 그것이 진실이다. 그대의 전능한 '생명의 빛'이 그대의 죄를 다 씻어서, 그대가 원하는 마음을 내자마자 그대를 순수 상태로 변화시키는 것은 얼마나 쉬운 일인지 모른다!

원하는 마음을 내는 것에서 더 나아가, 마음을 고요히 하고, 믿고 믿고 또 믿어서 '신성한 힘', 그 안에서 살아야 한다.

믿음은 시시각각 새로워져야 한다. 날마다 자라나야 한다. 눈 먼 희망이나 소망의 상태에 머물러서는 안 된다. 막연한 어떤 감정 상태에 머물러서는 진정한 믿음이 아니다. 몸으로 마음으로 존재 전체로 체험하지 않으면 진정한 신앙인이라고 할 수가 없다. 그대로부터 근원 에너지를 향해 방사되는 분명한 진동이 있어야 하고, 그래서 '영'의 힘을 끌어당기는 자석처럼 작동되어야 한다.

'거룩한 영'이 그대에게 내려올 때, 그것은 그대의 정수리에 있는 초감각의 영역에 의해 받아들여져서 그대 몸의 성전으로 끌어당겨지게 된다. 몸의 성전, 거기에서는 그것을 몸들과 세계들의 건축 블록들로 변환시키는 놀라운 일을 하게 된다.

'거룩한 영'에 대한 이러한 '말 그림 word picture'으로 인하여, 그대가 그대의 창조주를 '맥박치는 원자적 미립자들'을 무제한으로 제공하는 공급자 정도로 오해하지 말았으면 한다. 그렇다, 그대의 의식 수준에서는 나를 단지 그렇게 생각하는 것이 당연하다. 하지만 그대의 현재 의식 수준에서는 내가 누구인지, 생각할 수가 없다. '나'는 그대가 생각하는 것 너머에 있다. '거룩한 영'으로서의 나의 존재를 인지하는 것이, 그대의 표면적인 마음에게는 출발점에 지나지 않는다. 인지의 이런 출발점에서, 그대는 그대의 의식을 그리스도 수준으로 고양시키기 위한 힘을 지니게 된다. 나의 말이 약속하듯이, 이 그리스도 차원에 오르게 되면 그대는 나의 얼굴을 보게 될 것이고, 나를 스스로 존재하는 '아이 엠 I Am'으로 알게 된다.*

---

* 출애굽기 3장 14절에서 하나님은 당신의 이름을 묻는 모세에게 "나는 스스로 있는 자(I AM WHO I AM)"라고 당신의 이름을 말씀하신다. 이에 따르면 하나님의 이름은 I AM이고, 우리 안의 신성, 우리의 진정한 본성 또한 I AM이라고 할 수 있다.

지구는 최근 원자 안에 포함된 엄청난 힘을 알고는 아찔해졌다. 원자를 분열할 때 생기는 폭발적인 힘은, 내가 말한 힘들의 불행한 사례라고 하지 않을 수 없다. 이것은 나의 영적 힘이 남용된 사례이거나 거꾸로 사용된 사례가 아닐 수 없다. 나는 인간이 자신의 재능을 원자들을 분열시키기 위해서가 아니라 결합하는 데에 활용하기를 의도했기 때문이다. 내가 한데 결합시킨 것을, 어느 누구도 나누고 분열시키지 말기를!

6

거듭남의 비밀

동물들의 내분비계 시스템은

많은 것을 시사해 준다. 나비의 유충에서도 인간들이 배워야 할 것이 많다. 나의 자녀들 사이에서는 피부나 뼈 한 조각이 서로 교체되어도 심각한 영향이 있게 마련인데, 그것은 내분비계의 호르몬들이 매우 배타적인 특징을 지니고 있다는 것을 말해 준다. 인간들끼리는 교체되기 어렵지만, 그것들 중 일부는 종들 사이에서, 말하자면 인간이나 동물 사이에서, 아무런 해 없이 교환될 수 있다. 매우 흥미로운 결과가 아닐 수 없다.

내분비샘은 혈류 속으로 호르몬을 분비하여, 살아 있는 것들의 주요한 기능들이 제대로 작용할 수 있도록 통제하고 조절한다. 이들 호르몬들의 양과 형태는 몸의 기능에 막대한 차이를 가져온다. 나비의 애벌레에게 변태 호르몬이 분비될 때 무슨 일이 일어나는지에 대해서는 잘 알려져 있다. 널리 알려진 사실은 아니지만, 특정한 종류의 도롱뇽에게 인간의 갑상선 호르몬 추출물을 주사하는 실험을 한 적이 있다. 일반적으로 도롱뇽은 물 속에서 살아간다. 그러나 갑상선 추출물이 주사되자 도롱뇽은 아가미와 꼬리지느러미를 잃어버렸고, 공기로 숨쉬는 기관이 발달하여 물에서 나와서 육지에서 살게 되었다. 완전히 새로운 세계로 이주한 것이다.

내분비 호르몬은 생명을 부여하고 조화와 균형을 이루어주고 생명을 변환시키는 단백질이다. 이것은 인간들의 경우와 마찬가지로 동물들에게도 해당된다. 지금 이 순간에도, 그대의 내분비샘들은 그대의 몸의 화학적 주요 기능들을 관장하고 있고, 그대의 마음과 아주 밀접하게 협동작업을 한다. 샘들glands은, 마음이 샘들에게 일을 하도록 시키는 것보다 더, 훨씬 더 많이, 일을 할 준비태세를 갖추고 있다.

그들이 하는 주요한 기능 중에서도 가장 중요한 기능

으로, 나는 그대의 샘들이 나비의 애벌레가 수행하는 것보다 훨씬 더 큰 변화를 그대 안에서 해내도록 의도하였다. 그대가 마음의 결심을 하고 그대가 필멸의 생명체에서 불멸의 생명체로 변화하도록 '일련의 결단'을 내리기만 하면, 그렇게 되도록 설계되어 있다.

내면의 '그리스도의 빛'을 향해 그대의 몸마름과 배고픔이 날로 더해가서 그것이 습관이 된다면, 그래서 그대의 성전이 조화로운 고요함으로 가득 채워져서 그 상태로 나아간다면, 그대는 극적인 '제2의 탄생'을, '영'으로의 태어남을 경험하게 될 것이다. 바로 이때, 그대는 하늘에 계시는 아버지가 완전한 것처럼, 그대 역시 완전해지는 길 위에 서게 되는 것이다. 그대의 몸은 '훨씬 더 풍요로운 생명의 강' 안에 있게 될 것이고, 완전한 깨어남으로 나아가고 또 나아갈 수 있으리라. 그대 영혼의 자연스러운 성장을 저해하는 일이 발생할 때마다, 그대는 직관에서 우러나오는 느낌에 따라 그것을 알아차리고 훼방자를 체포하는 발전을 이루게 되리라.

그대의 몸이 '빛'으로 가득 채워져서 '제2의 탄생'이 이루어지기 전까지는, 그대는 '살아 있으나 죽은 자'나

다름없는 사람들 중의 하나일 수밖에 없다. 그대는 여전히 죽음의 구렁텅이로 향하고 있는 잃어버린 양떼 중의 한 마리로 셈해질 수밖에 없다. 그대는 여전히 하위창조의 사이클에 결박되어 있는 셈이고, 뿌린 대로 거둔다는 인과의 법칙에 따라 한 걸음 한 걸음 겨우 겨우 진화해 가는 고통스러운 길을 가고 있는 것이다.

나의 '거룩한 영'이 그대 내면에서 빛나도록 허용될 때, 그대의 모든 중요한 센터들이 열려 완전히 작동하게 될 것이고, 그럼으로써 그대는 마침내 자유의 노래를 힘차게 부르게 되리라.

그 '영'의 첫째가는 사명은 그대의 표면의식을 정화시키고, 모든 겉거죽의 신념들을 지우고, 그대의 생각을 더 높은 차원으로 들어올리는 일이다. 그리하여 그대는 그대의 인간 의식의 정점에서 '만사형통의 문'이 기다리고 있다는, 흔들리지는 않는 믿음으로 가득 채워지리라.

'빛'이 행하는 아름다운 일들 중에서 둘째가는 사명은, 그대 세포들의 질료들을 수선하고, 피곤해진 조직을 대체시키고, 손상된 기관들을 개선시키고, '병든' 부분들을 갱신시키고, 그대의 혈관을 흐르는 피를 정화시켜서 가장 순수한 분자 음식을 계속해서 공급해 주는 것이다. 이러한 영적 '빛'의 광선들 안에 내재된 힘에 의하여, 개별적인 각 세포들의 진동수가 점차 빨라지게 될 것이다.

그대의 가장 위대하고 영광스러운 가슴 센터가 마치 번개를 맞은 것처럼 활짝 열릴 것이다. 그리하여 그대는 '사랑'의 진동 자체가 될 것이다. 지구의 언어로는 그 생동감을 도저히 다 표현할 수도 없을 만큼 인간적인 사랑의 감정을 뛰어넘는, 고양된 사랑의 진동을 쉴 새 없이 방출하게 되리라.

이렇게 묘사할 수조차 없는 가슴의 진동이 그대 거룩한 몸의 성전 센터 구석구석으로 퍼져 나가서, 전에는 베일에 감추어져 있어서 볼 수 없었던 보석들이 그대의 놀라운 의식 앞에 모두 드러나 보이게 되리라.

이렇게 가슴의 진동이 깨어나서 더 높은 진동으로 그대 거룩한 몸의 성전에 울려 퍼지면, 송과선, 곧 '신비한 영안'이 '눈 먼 상태'에서 벗어나 온전히 활성화되면서 그대에게 알려지게 되리라. 이것은 참으로 소중한 '영

센터'로서, 그대 잠재의식의 보물 상자에 갇혀서 숨죽이고 있게 마련이지만, 사실은 모든 것을 다 보고 모든 것을 다 아는 '영혼의 눈'이다. 그것은 '나(I am)'의 모든 것을 다 알고 있다.

이렇게 잠복해 있었던 센터가 다시 깨어날 때, 그대는 확장된 비전을 경험하게 될 것이다. 그대 주변의 땅이 갑자기 아침 햇살보다 훨씬 더 미묘하고, 훨씬 더 아름답고, 훨씬 더 풍요로운 빛으로 밝아지리라. 이렇게 빛나는 광선들은 평범한 인간들의 눈에는 보이지 않는 특별한 종류의 빛이다. 햇빛과 달리, 이들 특별한 광선들을 가로막을 수 있는 것은 없다. 모든 것을 꿰뚫고, 속안의 모든 것을 밝게 비추며, 속안에 든 색깔들을 강화시키고, 그대가 일찍이 꿈꾸어 본 적조차 없는 '거룩한 땅의 영광'을 그대의 발밑에 펼쳐 보일 것이다. 그 빛은 그대의 집을 이루는 벽들도 투명하게 뚫고 나갈 것이다. 그 빛이 비추이면, 정원의 바위는 돌이 아니라 귀중한 보석처럼 보일 것이다.

그대는 제한된 인간 의식으로는 상상조차 할 수 없는 광휘의 스펙트럼을 폭넓게 경험하게 될 것이다. 제한된 인간의 시각으로 '희부연 거울'을 통해 보듯이 세상을

그대의 가슴 센터가 다시 깨어날 때, 그대는 확장된 비전을 경험하게 될 것이다. 그대 주변의 땅이 갑자기 아침 햇살보다 훨씬 더 미묘하고, 훨씬 더 아름답고, 훨씬 더 풍요로운 빛으로 밝아지리라. 이렇게 빛나는 광선들은 평범한 인간들의 눈에는 보이지 않는 특별한 종류의 빛이다.

햇빛과 달리, 이들 특별한 광선들을 가로막을 수 있는 것은 없다. 모든 것을 꿰뚫고, 속안의 모든 것을 밝게 비추며, 속안에 든 색깔들을 강화시키고, 그대가 일찍이 꿈꾸어 본 적조차 없는 '거룩한 땅의 영광'을 그대의 발밑에 펼쳐 보일 것이다. 그 빛은 그대의 집을 이루는 벽들도 투명하게 뚫고 나갈 것이다. 그 빛이 비추이면, 정원의 바위는 돌이 아니라 귀중한 보석처럼 보일 것이다.

보았던 일은 까맣게 잊혀지고, 소경이 눈을 번쩍 뜨는 듯한 경이가 그대의 것이 되리라.

그대는 사실 나의 '거룩한 영' 안에 내재된 빛으로 물리적 세상을 보고 있는 것이다.

그대가 앎으로 충만하게 채워지게 되는 것도, '영혼의 눈'의 부활을 통해서이다. 이 보석 안에는 하늘나라의 기록이, 모든 것의 진실이, 그리스도의 지혜가 감추어져 있기 때문이다.

이 센터가 충분히 활성화될 때, 그대는 그대의 형제가 나의 손을 잡을 수 있도록 형제에게 예전보다 훨씬 더 많은 도움을 줄 수 있게 된다. 왜냐하면 그대는 친구의 수용성 정도를 즉각적으로 평가할 수 있게 되어, 그가 자신의 길을 찾을 수 있도록, 그에게 절실히 필요한 말들을 때맞춰 내리는 단비처럼 해줄 수 있게 되기 때문이다.

마침내 나의 고요하고 세미한 소리가 그대의 목소리에 뒤섞이게 되는 시점에 이르러 그대가 나를 충분히 의식하게 되면, 그대의 목소리는 지상 위에 떨어지는 '신의 소리'가 될 것이다.

그대의 목구멍 안에 있는 파워 센터가 온전히 깨어나서 그대의 말이 울려 나올 때, 그대의 목소리는 '거룩한 영' 안에 내재된 무제한의 창조력으로 놀라운 생동감을 띠게 되리라. 그대가 "나사로야, 나오너라!" 하고 말한다면, 나의 우주적 질료가 거기에 상응하는 준비태세를 갖추고 동기화되어 제안된 패턴, 곧 나사로의 몸의 성전을 재건하기 위한 패턴을 만들어낼 것이다. 이 모든 것이 생각의 속도만큼이나 빨리 이루어지리라.

그대가 빵과 물고기가 증식되기를 원한다면, 물이 포도주로 바뀌기를 원한다면, 불구로 태어난 아기의 몸이 온전해지기를 원한다면, 늙은이와 불구가 된 자에게 청춘을 돌려주기를 원한다면, 혹은 나의 병든 행성 지구 위의 조화와 균형을 회복시키기 위해 필요한 수천 가지 다른 일들을 원한다고 해도, 그대는 그대의 말들 안에 포함된 진동적 힘에 의해 그 모든 것을 다 할 수 있게 된다. 사실 그대는 소리내어 말할 필요조차 없을 것이다. 왜냐하면 소리내어 말하는 것과 동일한 진동적 힘이 그대의 생각 속에 이미 포함되어 세상을 향해 퍼져 나갈 테니까.

그대의 말은 더 이상 공허하거나 메마를 날이 없게

될 것이다. 그대의 말들은 실천할 수 있는 나의 모든 힘으로 뒷받침되고 강화되어 '살아 있는 말'이 될 것이므로.

그대는 예수가 그랬듯이 '근본 요소들의 마스터', '원자 요소들의 마스터', '육의 마스터', '모든 악의 정복자'가 되리라.

이렇게 고양된 상태에서는, 악이 그대 가까이에 감히 다가갈 수조차 없게 된다. 왜냐하면 그대의 몸은 그대 존재의 오라 안에서 불완전성을 완전히 바로잡아 균형을 회복하도록 진동하여 전자적 질료들을 방출할 것이므로. 나병 환자나 암으로 고통받는 자들은 그대가 지나갈 때마다 그대의 진동에 의해 자동적으로 치유되리라. 그대 편에서는 의식적인 생각조차 내지 않아도 그렇게 되리라.

그대 몸의 센터들로부터 그대는 '빛나는 광선'을 비출 것이고, 그대의 확대된 시야에 그 광선은 강철 막대기처럼 단단하게 보일 것이다. 이 광선을 타고 그대는 그대 아버지의 일이 그대를 이끄는 대로 우주의 어느 지점으로든지 갈 수가 있다. '텅 비어 있는' 우주로 나가더라도 생존에 아무런 문제도 없을 것이다. 그대는 '모든 것이 다 내재된 빛'으로 충만해져서, 그대가 필요로 하는 모든 것을 다 공급받게 된다.

나는 문자 그대로 그대의 발밑을 비추게 되리라. 왜냐하면 그대 몸 세포들의 빨라진 진동이 그대의 주변과 그대의 피부를 뚫고 부드럽고 정교한 빛을 방사하게 될 것이므로. 그대가 그대의 손을 나의 손과 맞잡을 때, 그대는 진실로 더 이상 어둠 속을 걷지 않게 된다.

그대는 이 '빛'을, 눈부시게 하얀 '하늘 옷'을 입게 될 것이고, 인간 종족이 에덴 동산에서 사탄의 유혹에 빠져 하위창조에 의해 생겨난 '눈가림 망'이 세워짐으로써 생겨난 분리의 감정에 의해 벌거벗은 상태를 부끄러워했던 것과는 달리, 벌거벗고도 전혀 당황하지 않게 되리라.

사탄은 나 없이 우주를 다스릴 수 있다고 주장하는 인간의 '자아'이고, 독불장군 같은 표면의식이다. 사탄은 모든 악의 아비이자 모든 고통의 아비이며, 죽음의 저작권자이다.

하지만 그대 개인의 사탄은 그대의 발밑에 짓밟혀 왔다. 왜냐하면 지금 그대는 나의 이상적인 창조물이자,

나의 '위대한 우주적 존재'이기 때문이다. 그대는 '영' 안에서 다시 태어났다. 이 '영'의 파워는 그대의 숨겨진 보물 상자를 열어젖혔고, 그대의 마음, 그대의 가슴, 그대의 몸을 완전한 성숙에 이르도록, 완전성에 이르도록, 그 기능을 재가동시켰다. 전에는 반쯤만 그대를 위해 봉사했던 생명 센터들이, 이제는 자기 자신들이 할 수 있는 최대치로 풀가동되고 있다.

그대는 진실로 '제2의 탄생'을 경험하였다. 영적인 의미뿐만 아니라 육적인 의미에서도.

그대가 어머니의 자궁에서 처음 태어나서 처음으로 숨을 쉬는 순간, 그대 몸의 성전에서는 '경이로운 개봉'이 일어난다. 생명으로 하여금 숨을 쉬게 하는 두 개의 효율적인 풀무 기관인 폐는 바로 이 일을 위해서 이미 내재되어 있지만, 그대가 자궁에 있는 동안에는 동면 상태에 있게 된다. 그대 몸을 살아 움직이게 할 주요한 혈액순환은 아직 이루어지고 있지 않은데, 왜냐하면 그래야 할 이유가 없기 때문이다. 산소 공급이 아직 이루어지지 않은 폐로 인해 혈관은 정화될 수도 없고, 산소도 공급될 수 없다. 아직 성숙되지 않은 그대의 아기 몸 안에는 심장으로부터 나오는 출구와 들어가는 입구가 따로 있어서 그대의 혈류가 의심 없이 따라간다. 하지만 탄생의 순간, 처음으로 들숨을 쉬는 바로 그 순간에 폐는 갑자기 봉인이 풀리고, 피는 사용된 적이 없는 혈관을 통해 내달리며, 심장에서 나오는 대체 출구는 영원히 닫히게 된다. 쓸모없게 보였던 경이로운 몸의 기관이 아주 중요한 목적을 위해 봉사하기 시작한 것이다.

'두 번째 탄생'의 때, '거룩한 영'의 빛이 그 일을 하도록 초대받을 때, 거룩한 영의 빛은 그대 몸의 기관들에서 봉인이 풀려나도록 결정적인 자극을 준다. 공기를 들이마시고 내쉬는 숨이 그대의 폐들이 활동을 시작하도록 자극을 주듯이.

이 '두 번째 탄생'은 그대를 통해서 나의 뜻이 행해지도록 완전하고 투철하게 준비가 되었을 때에 일어날 것이다. 이는, 이런 영광스러운 일들이 일어나도록 그대가 나를 이용할 준비가 되었을 때를 의미하는 것이 아니다. 그대가 자기 자신을 완전히 내려놓고 나의 뜻에 따르고자 할 때, 내가 정한 바 뜻대로 그대를 쓸 수 있도록 그대가 온전히 자기 자신을 나에게 내맡겼을 때를 의미한다.

'완전한 항복'의 이런 상태에서, 그대는 이런 기도를 하게 될 것이다. "감사합니다, 아버지. 당신의 '영'에 내가 녹아들게 해주시니, 정말 감사합니다."

그대가 나의 현존에 계속해서 목마르고 굶주림에 따라, 그대의 미래를 나의 뜻에 맡기기로 작정하게 될 때, 그대는 갑자기 그리스도의 피에 의하여 그대의 갈증이 해소되고, 그리스도의 몸으로 인해 그대의 허기가 충족되었다는 것을 깨닫게 되리라. 그대는 더 이상 빵만으로 살지 않게 될 것이니, 그대는 나의 '순수한 빛'의 '위대한 우주적 존재'가 되어가고 있음을 알게 될 것이기 때문이다.

'거룩한 영'은 예수가 그대와 함께 나누기를 원했던 나의 만나manna*로서, '그대가 알지 못하는 빵'이다. 그것은 그대와 아버지를 하나로 만들어주는 신비의 하나됨이다.

그대는 이제 그대가 할 수 있다고, 아니 더 큰 일도

---

* 모세가 이스라엘 백성들을 이끌고 이집트를 탈출해 가나안으로 이주할 당시 40년간 광야에서 지낼 때 하나님으로부터 공급을 받았다는 음식. 아침마다 작고 둥글고 서리 같은 것이 땅에 있었는데, 꿀을 섞은 과자처럼 맛있었다고 기록되어 있다.

할 수 있다고 예수가 말한 그 일을 할 준비가 되어 있다.

그대는 나를 만나는 일을 더 이상 두려워하지 않는다. 나에게 요구하는 것을 주저하지 않는다. 그대는 자신감을 갖고 용기 있게 서서, 그대가 상상할 수 있는 만큼의 그릇을 나에게 내민다. 나는 '모든 것을 포함하는 빛'으로 그 그릇을 넘치도록 채울 것이다. 왜냐하면 이제 그대는 그대가 아주 적은 것을 가지고도 만족하는 것을 내가 기뻐하지 않는다는 것을 알기 때문이다. 나는 그대가 항상, 영원토록, 많은 것을 요청하기를 바란다.

그대가 나의 '거룩한 영'을 주고 주고 또 줄수록, 그대는 더 더 더 받게 되리라.

제2부

상승의 길

오 주여, 어찌하여 그토록 잠만 주무시는지요?
오 나의 영혼이여,
일어나 주를 찬양하지 않겠는가?
칭송받아 마땅한 신께
새 노래를 불러 드려라.
노래하라, 그리고 그분의 깨어나심에 대비하여
늘 깨어 있으라.
기쁜 마음에서 우러나오는 노래가 좋지 아니하냐?

—솔로몬의 시편

7

상승을 위한 마음가짐

나의 사랑하는 이여, 그대의 영혼은

어찌하여 잠만 자느냐? 어둠 속에 그대 자신을 버려둔 채, 어찌하여 그토록 잠에 취해 있느냐? 어찌하여 그대의 영혼은 바다 밑바닥에 묻혀 있는 보물 상자처럼 그대의 의식 아래에 묻혀 버렸느냐? 그대 존재의 중심에 있는 '모든 것을 다 아는 전지의 마음'은 어찌하여 베스비오스 화산처럼 표면의식을 뚫고 폭발할 기회를 흘려버리곤 하느냐?

사실, '잠재된 마음'은 바로 이 일을 계속적으로 시도하고 있다.

지쳐 버린 겉거죽의 마음을 향해 선각자는 다음과

같은 말을 하였다. “나를 위하여 자기 목숨을 잃는 자는 오히려 자기 목숨을 구할 것이다.”

갈래갈래 흩어지곤 하는 마음을 ‘전체성’ 안에 통합시키기 위해 자신이 알고 있다고 생각하는 것을 기꺼이 버릴 줄 아는 사람은, 자신이 꿈꾸었던 것 이상으로 영광스러운 진리를 발견하게 된다. 어디에나 있지만 눈 뜬 사람만이 볼 수 있는 ‘궁극의 문’을 통과하기 위해 자신의 색깔과 영토를 기꺼이 버릴 줄 아는 사람은, 말로는 설명할 수 없는 새로운 세계를 발견하게 된다. 그리스도의 참된 메시지를 연구하기 위해 자신의 즐거움과 쾌락을 기꺼이 버릴 줄 아는 사람은, 점점 더 세상의 의무에 매이지 않게 된다. 겸허하게 무릎을 꿇고 자신을 비우고 목말라 할 줄 아는 사람은, 오랜 세월 동안 잃어버렸던 진실을 재발견하게 될 것이다.

겉거죽의 마음은 의식의 중심에 있으려고 하지 않는다. 겉거죽의 마음은 오감이 인식의 길이라고 생각하고 행동한다. 눈은 기계 장치이지만, 볼 수 있도록 해주는 것은 마음이다. 귀는 기계이지만, 들을 수 있게 해주는 것은 마음이다. 마찬가지로, 겉거죽의 마음은 기계이며,

그대의 '존재' 안에 있는 더 깊은 의식의 진짜 중심을 위해 세계와 접촉하는 통로이다.

의식의 이 참된 중심은 나에게 부여받은 나의 지혜로 충만해 있기에, 겉거죽의 마음과 제한된 앎으로는 그것을 이해할 수가 없다.

이것을 알게 되면, 지상의 어느 누구라도 깨달아 알게 되리라. '모든 것을 다 아는 전지의 센터'와 다시 하나 되려면, '나(self)'라고 알고 있는 겉거죽 의식을 기꺼이 포기해야 한다는 것을.

그대는 그대 몸의 내부 어딘가에 의식의 더 큰 센터가 존재한다는 것을 너무나 잘 알고 있다. 하지만 잠시 동안만이라도 그런 센터가 전혀 존재하지 않은 척 해보라. 그것이 없다면, 그대는 그대의 성전이 하는 일들을 하지 않으면 안 된다.

그대는 그대의 눈에게 보라고 어떻게 지시를 하겠는가? 그대의 표면적인 마음은 색깔을 기록하는 방법을 알고 있는가? 예를 들어 노란색의 경우를 보자. 일초 동안 노란색 드레스를 보고 있었다면, 그 잠깐 동안에 그대 눈의 망막 안에서 전자들이 500만조 회 가량 진동한다. 지난 천만 년 동안 지구상의 모든 대양 위에서 파도들이 부딪혔던 횟수의 총합을 그 이상이라고 할 수 있을까?

이러한 활동이 진행되는 동안에도, 그대는 수조 개의 다른 일들을 동시에 해내지 않으면 안 된다. 그대 몸의 모든 세포들은 저마다 개별적인 일들을 수행하고 있는 독특한 소우주와도 같다. 하지만 그 모든 것은 하나의 전체로서 유기체적으로 협동해서 하지 않으면 안 된다. 그대는 그대의 위대한 신경망인 복잡한 커뮤니케이션 시스템을 어떻게 아무런 선의 얽힘이 없이 깔끔하게 컨트롤할 수 있겠는가? 그대는 셀 수 없이 많은 메시지들을 단번에 모든 방향으로 수신하고 또 보낼 수 있을 정도로 충분히 빠르게 생각할 수 있는가? 그대는 너무 바쁘고 상심한 나머지, 그대의 폐로부터 산소를 혈관 속으로 보내고 이산화탄소를 배출하는 일을 잊어버릴지도 모른다. 혹은 그대의 심장을 뛰게 하는 것을 그만 깜박할지도 모른다. 일초 동안에 잊어버리지 않고 챙겨야 할 일들이 얼마나 많은지, 감히 상상이나 할 수 있는가?

그대는 그대의 성전의 활동을 감독하고 지시하기에

충분할 정도로 빨리 생각할 수 있는가? 이쯤 되면 깊이 머리 숙이고, 그대가 어떻게 해서 그렇게 '보이지 않는 감독자'로부터 철저히 부림을 당해 왔는지, 경이감에 사로잡히는 것이 마땅하지 않을까? 그대의 표면적인 마음은 너무나 둔하고 적응력이 없어서 잠재의식과 비교도 할 수가 없는 정도인데도, 그대의 육신의 기관들은 어떻게 그렇게 번개처럼 빨리 반응할까?

그렇다, 표면적인 마음은 실제로는 전혀 '하나의 마음'이라고 할 수가 없다. 표면적인 마음은 사실 '잘못 자리 잡은' 의식의 센터로서, 그대가 "나를 위하여 그대의 목숨을 잃을 각오를 할 때", 그대는 그것을 알게 되리라. 왜냐하면 그때가 되어야 비로소 의식의 중심은 원래 자신이 속하는 자리에서 자기 할 일을 할 수 있게 될 테니까.

그대가 그대의 눈이나 몸의 다른 기관을 '작동시킬' 정도로 충분히 빨리 생각할 수 있다면, 그대는 전혀 '생각'이라는 것을 하고 있지 않을 것이다. 그대는 생각 너머에 존재할 것이기에. 시간 없는 '존재'의 영역에 있을 것이기에.

이것이 바로 그리스도의 마음이 '생각'이라는 것을

할 필요가 없는 이유이고, 사실이 그러하다.

역사를 통하여 내내, 나의 자녀들이 상징들과 표적들을 예배하고, 예언자들을 숭배하고, 리더들과 현자들을 찾아 헤맸던 이유가 바로 여기에 있다. 영적인 갈망을 충족시켜 줄 것이 아무것도 없기 때문에 이런 것 저런 것, 이런 사람 저런 사람을 찾아 헤매는 것이다. 그 무엇으로도 신을 향한 필요성은 충족되지 않기 때문에, 타는 듯한 영적인 갈망은 여전히 남아 있게 마련이다. 이런 굶주림과 갈망을 충족시켜 줄 수 있는 길은 오직 하나뿐이다. 부활한 그리스도의 영광을 통하여, 표면 의식을 전지전능한 '신성한 있음 Being'과 통합함으로써.

이러한 통합이 시작될 수 있는 곳도 한 곳뿐이니, 그대의 표면적인 마음의 안쪽, 지금 이 순간 그대의 의식의 중심이 되는 곳이다.

나는 그대에게 이해를 촉구하고 요청하는 '신'이며, 나와 다시 하나 되는 길을 추구하는 것은 그대의 개인적인 의무이자 책임이다. 각 개인은 위로 위로 상승하면서 사는 법을 스스로 터득해야 한다. 말하자면, 생각을 통하여 느낌의 영역으로 나아가야 하고, 그리하여 결국에는 '있음 Being'의 영역으로 나아가야 하는 것이다.

이러한 상승 운동은 바로 그대가 있는 그 자리에서 시작될 수 있다. 그대가 그동안 내내 길들여져 왔던 습관화된 마음 씀씀이를 포기하고, 그대의 가슴을 새로운 노래—사랑의 노래, 찬미의 노래, 감사의 노래로 가득 채운다면.

고요한 기대 속에서 그대의 가슴 센터로부터 사랑이 솟아나고, 감사하는 마음이 솟아나고, 온갖 생명을 저절로 찬미하게 되는 시간이 오게 되리라. 사랑, 찬미, 감사—이 세 가지는 '상승의 마음가짐'으로서, 그렇게 집중된 마음은 그대의 느낌을 '그리스도의 차원'으로 고양시켜 준다.

그대가 이 세 가지 마음가짐에 집중하여, 혹은 그대에게 더 자연스럽게 여겨지는 어느 한 가지 마음가짐에라도 집중하여, 그대 주변에서 일어나는 불유쾌한 일들과 상관없이, 그런 마음 씀씀이를 하루 하루, 순간 순간, 일초 일초 제2의 습관으로 만들어 갈 때, 그대는 아무렇게나 떠오르곤 하는 그대 생각들의 혼합물을 컨트롤하는 법을 배우고 있는 것이다. 물론, 아무렇게나 떠오르는 그대의 생각들을 한데 모아서, 마음 안에 있는 그 '문'에 집중할 필요가 있다. 그대가 그로써 마음이 편안해질 때까지. 이들 세 가지 '상승의 마음가짐'은, 그대가 집중하여 길러야 할 가장 중요한 초점들이다. 그것들은 그대로 하여금 진정한 '있음'의 왕국에 이르게 하는 열쇠들이다.

그대가 그리스도의 메시지를 공부하고 그로써 그대 자신의 '참나'에 친숙해짐에 따라, 진실이 품고 있는 가능성들이 그대 내면에 열정의 불을 붙일 것이고, 그리하여 어느 날 갑자기 그대의 가슴은 기쁨의 노래를 힘차게 부르고 싶은 이유들로 홍수를 이루게 되리라.

그대의 가슴이 노래 부르기 시작한다는 것은, 그대가 인과因果의 수레바퀴에서 떠나서 마침내 그대가 나의 손을 잡게 되는 시점에 이르렀음을 의미한다. 그대는 '일련의 결단들'로 다시 태어나, 그대의 뜻이 아닌 나의 뜻이 행해지도록 살겠다는 의지가 샘솟는 시점에 당도한 것이다.

그것은 또한, 그대가 그침 없이 기도를 올리고 있다는 것을 의미한다. 사랑, 찬미, 감사의 생각을 하는 것 자체가 기도의 상태라고는 일찍이 생각해 본 적이 없을지라도.

사실, 세상적인 '지혜'가 넘쳐나는 이 시대에, 참된 기도는 '잃어버린 기술'이 되고 말았다. 사람들은 기도의 힘을 믿지 못하고, 저급한 정신을 지닌 사람들이나 하는 것으로 취급하며, 연약한 마음을 가진 초심자들이나 하는 방법이라고 생각하고, 죄수들의 마지막 의지처 정도로 여겨 왔다. 기도에 대한 이런 믿음은, 사람들 사이에서 으레 당연한 것으로 여겨졌다. 하지만 밝은 깨달음을 얻은 예수는 낮과 밤을 가리지 않고 기도에 열중하였다. 뿐만 아니라 무릇 성인들은, 무릎을 꿇는 기도를 통하여 의식을 고양시켜 성자의 반열에 올랐다. 그것이 엄연한 역사적 사실이다.

어디에나 있지만 영의 눈을 떠야만 볼 수 있는 '문'을 흘끗이라도 본 적이 없다면, 그것은 그대 역시 기도의 기술을 잃어버렸기 때문이다. 그대가 기도의 빛에 의해 그 '문'을 찾아왔다면, 그대의 굶주린 시선 앞에 그 '문'이 결국 환한 빛으로 서 있게 될 날이 올 것이다. 마침내 그 '문'을 보게 될 날이 오게 되리라.

인간 종족의 믿음과는 반대로, 기도란 그대가 스트레스를 받는 상황에서 겉거죽의 마음으로 갑자기 나를 떠올리면서 서둘러 '반복하여 외우는 문구들'이 아니다. 기도는 그대가 중요하다고 여기는 것들에 그대의 마음과 느낌을 집중하는, 강렬하고도 현저한 마음가짐 자체이다.

그대가 다급한 마음으로 나에게 도움을 요청하는 기도를 하면서도 절망에 사로잡혀 있다면, 그래서 두려움과 의심의 태도를 버리지 않은 상태라면, 그대의 힘을 그런 태도 아래에 묻어둔 채로 있는 것이라면, 그대의 기도는 어떻게 되겠는가? 과연 무엇이 잠재의식의 거대한 저장고에 떨어지게 될까? 도움을 위한 다급한 청원이겠는가, 아니면 그대가 집착하고 있는 그대의 현저하고도 오래 지속되어 온 느낌이겠는가?

그대가 그대의 해묵은 마음가짐을 갱신하려는 노력을 경주하여 우울한 마음 대신 기쁨의 노래가 솟아나게 된다면, 그대는 잃어버린 기도의 기술을 다시 찾은 것이다. 그때에야 비로소 사랑, 찬미, 감사가 그대의 삶의 방식이 될 것이다.

내가 그대에게 그대의 온 마음, 온 영혼, 온 힘을 다하여 나를 사랑하라고 명하였던 것은, 그러한 마음이 되어야만 그리스도의 차원을 향해 위로 위로 상승하는 삶이 가능하게 되기 때문이다.

과거의 그대에게는 나를 사랑하기가 진실로 어려운 일이었다. 그대가 진실하게 애쓴다 할지라도. 신을 향한 사랑이나 이웃들을 향한 사랑을 의무감에 사로잡혀 공장에서 찍어내듯이 찍어낼 수는 없는 일이기 때문에.

그대와 내가 어떠한 관계를 갖고 있는지, 우리가 어떻게 서로 보완될 수 있는지, 그대가 알든 모르든 우리가 어떻게 분리될 수 없는 '하나'인지, 그것들을 환히 밝혀주는 기쁜 소식을 그대가 부단히 마음으로 믿는다면, 의지와 결단의 채찍질을 스스로에게 가하려고 하면서 굳이 애를 쓰지 않더라도, 그대는 저절로 나를 사랑하게 되리라.

그럼에도 그대가 이 기쁜 소식을 그대 마음에 받아들이지 않는다면, 그것을 듣고도 잊어버리고 계속하여 나를 멀리 떨어져 있는 신으로 생각한다면, 그런 그대의 마음속에서 나는, 진정한 사랑을 보내기에는 너무 멀리 떨어져 있는 불투명한 존재로 남게 될 것이다. 그대가 나를 생각하기를, 그대의 원죄로 인해 그대에게 벌을 내리기를 기다리고 있는 '분노의 하나님'이라는 해묵은 사고방식에서 벗어나지 못한다면, 나에 대한 두려움이 그대의 사랑을 압도하게 될 것이다. 죽음 이후가 아니면 나를 알 수 없을 것이라는 습관적인 생각을 그대가 버리지 않는 한, 그대가 나를 조금이라도 느낄 수 있으려면 죽을 때까지 기다려야 할 것이다. 특히, 그대가 교회에 착실하게 다니면서, 그럼으로써 그대 영혼의 미래가 보장될 것이라는 믿음을 갖고 있다면, 그대는 스스로 기만당하고 있는 것이고, '나'를 지금 여기에서 살아있는 존재로 받아들이기가 더욱 더 어려울 것이다. 내가 '지도령 guiding spirits'을 통하여 그대의 행동을 통제한다고 생각한다면, 그대는 그대를 이끌어가는 '아버지 의식'으로서 나를 사랑하는 대신, 그 '지도령'을 우상화하게 될 것이다.

이런 이유들로 인해, 나를 진정으로 사랑하려면 먼저 깨달음이 있어야 한다. 깨달음이 와서 그대의 마음을 아름답고 바람직하고 성취 가능한 비전으로 채우게 된다면, 그대는 나를 사랑하려고 애쓸 필요조차 없게 되리라. 이 위대한 비전에 대해 생각할 때마다, 그대의 머리와 가슴에는 사랑이 흘러넘치리라.

그대가 그 비전을 그대에게로 끌어당김에 따라, 언제나 확장되는 그것의 성질대로, 사방팔방으로 확장되어, 그대 안에 있는 '그리스도의 빛'이 날마다 점점 더 밝아지리라.

그 '문'의 문지방을 마침내 넘어섬으로써, 그대 스스로 위로 위로 상승하며 살아가는 조건을 처음으로 충족시키는 일이 일어나지 않는다면, 그대는 "이 세상에 있지만 거기에 속하지 않는" 삶을 살 수가 없을 것이다. 지상의 선과 악에 기반하는 '이원성의 예배'를 고집하는 한, 그대는 이런 조건을 충족시킬 수가 없다. 악에 대한 두려움을 내려놓아야 하고, 세상적인 선을 위한 바람을 젖혀놓아야 한다. 그리하여 그대는 "거기에 속해 있지 않다"고 주장할 수 있을 정도로, 충분히 세상과 거리를 둘 수 있어야 한다.

그리스도의 의식 안에서는 모든 것이 완전하다는 것을 그대가 터득할 때, 지상에서 가장 좋은 것으로 여겨져서 찬란하게 빛나던 것들도 한 순간에 그 빛을 잃어버리고 만다.

그대가 이 세상에서 얻은 모든 것 중에서 가장 소중한

것은 무엇일까? '진실'이다. 그대의 친구 예수가 가르친 '나의 말'은, 제대로 이해되고 함양되기만 하면, 그대의 존재 안에 강력한 진동을 일으킬 것이고, 그 진동으로 인해 그대는 이러한 진실을 살게 될 것이며, 그렇게 삶으로써 그대는 자유로워지리라.

이러한 관점에서 보면, 온 마음과 온 영혼과 온 힘을 다해 나를 사랑하는 것은 스스럼없이 행할 수 있는, 아주 자연스러운 일이기도 하다. 그대가 '나의 진실의 별'을 진실로 그대의 가슴에 받아들여, 그것을 그대 의식의 옷장 안에 비밀스레 간직할 때, 그대는 아무리 애써도 나를 사랑하는 일을 멈출 수가 없으리라. 그대의 겉거죽 마음이 아무리 의심을 외치더라도, 그대의 가슴은 '말씀'이 너무나 친밀하다는 것을 인정할 것이고, 그리하여 결국 그대의 겉거죽 마음은 수치스러워하게 되리라.

그대 내면에 떠오르는 진실의 별은, 그대가 거기에 계속해서 먹이를 줌에 따라 찬란하게 빛나게 되리라. 진실의 별이 초신성처럼 밝게 빛날 때, 그리하여 그대 '생명의 빛'과 섞일 때, 위대한 날이 밝아 오리라. 이때, '말씀'은 육신이 된다. 잠겨 있었던 그대의 보물 상자에 포함되었던

그대 내면에 떠오르는 진실의 별은, 그대가 거기에 계속해서 먹이를 줌에 따라 찬란하게 빛나게 되리라. 진실의 별이 초신성처럼 밝게 빛날 때, 그리하여 그대 '생명의 빛'과 섞일 때, 위대한 날이 밝아 오리라. 이때, '말씀'은 육신이 된다. 잠겨 있었던 그대의 보물 상자에 포함되었던 힘들 중의 하나인 '촉진시키고 완전하게 하는 힘'이 '거룩한 영의 빛'에 의해 풀려나고 확장되리라.

힘들 중의 하나인 '촉진시키고 완전하게 하는 힘'이 '거룩한 영의 빛'에 의해 풀려나고 확장되리라.

그렇다, 그리스도의 메시지를 터득하는 데에 필요한 어떤 노력이든 아끼지 말아야 한다. 그리스도의 메시지가 의미하는 바를 터득하기만 하면, 그대는 나를 사랑하는 일이 내가 일찍이 그대들에게 주었던 그 어떠한 계명들보다 쉬운 계명임을 깨닫게 되리라.

그대의 이웃을 그대 자신과 마찬가지로 사랑하는 일 또한 훨씬 쉬워진다. 왜냐하면 그대의 이웃들 모두가 그대 가슴에서 밝게 빛나고 있는 아름다운 그리스도 비전의 '분리될 수 없는 부분'이기 때문이다. 둔감한 사람들, 지성적인 사람들, 순수한 사람들, 반짝반짝 빛나는 사람들, 탐욕스런 사람들, 관대한 사람들, 웬지 미운 사람들, 웬지 정이 가는 사람들—각양각색의 다양한 사람들이 있겠지만, 그들 모두를 더 이상 분리된 개인들로서 생각하지 않게 되리라. 모두가 그대의 비전 안에 한데 어우러져서, 모두가 진실로 완전하다는 것을 알게 되리라. 왜냐하면 내가 각자 각자의 '생명의 빛'이기 때문에. 그대의 형제자매들이 보여주고 있는 어떠한 형태의 불완전함이든, 그것은 단지 나 없이 최대한 잘 지내는 것이 최선이라는 '외로운 인간'으로서 그렇게 못난 모습을 보이고 있는 것일 뿐이다. '존재에 대한 자기 자신의 허황된 지각'에 의해서 스스로 불완전함을 연출하고 연기하는 것뿐이다. 이것을 깨달으면, 그대는 그대 형제 자매들의 잘못된 행동들에 대해서 쉬이 용서할 수가 있게 된다. 잘못된 행동을 하면서도 그들 자신이 무슨 짓을 하고 있는지를 알지 못하기 때문이라는 것을 알기에, 그만큼 '용서로 가는 길'이 쉬워지는 것이다.

그렇다고 해서, 누구든지 그런 잘못을 돌이켜서 그대의 의견을 따라야 한다고 일률적으로 말할 수는 없는 일이다. 그들의 말에 귀를 기울여야 할 의무가 그대에게 있는 것도 아니고, 그들이 그대에게 기대하는 바에 따라 그대의 방식을 변화시켜야 하는 것도 아니다.

그대에게는 그대 자신의 길을 갈 수 있는 자유가 주어져 있다. 그대 자신의 방식에 따라 나를 따르고 추구할 자유가 있는 것이고, 나를 따르지 않을 자유 또한 있는 것이다.

그대의 이웃을 그대 자신처럼 사랑하는 일은, 대부분 그대의 사회성과는 그다지 상관이 없다. 조화롭게 살기 위해서 이웃을 먼저 대접해야만 한다는 뜻도 아니다. 이웃이 게으름을 피우는데도 그대의 시간을 이웃에게 할애해야 한다는 뜻도 아니다.

이웃이 그대의 높은 기준에 맞추어 행동해야 할 책임이 있다고, 그대나 그대의 이웃에게 강요하지 말아야 한다. 그리스도에 대한 그대의 비전을 고요히 유지하는 것이 중요하다. 그들은 아마도 결핍감 속에서 살아가고 있기 쉽지만, 그들 또한 나의 '빛'에 대한 그리움에 시달리게 됨으로써 언젠가는 치유되는 날이 올 것임을 그대는 깨닫게 되리라. 재가 되어버린 새가 다시 살아난다는 불사조* 전설처럼, 타는 목마름으로 '나의 빛'을 그리워하는 자들은 자신들의 인간성으로부터 솟아오를 날이 반드시 오게 된다. 그런 이들은 그 '문' 너머로 날아올라서, 메뚜기들이 작물을

---

* 죽어도 부활한다는 전설 속의 불새. 흔히 피닉스(phoenix)로 알려져 있다. 500년마다 스스로의 몸을 불태워 죽고 그 재 속에서 부활 또는 재생한다. 수명인 500년이 끝나갈 때쯤 피닉스는 나무의 꼭대기로 올라가 자신을 태운다고 한다.

다 먹어치웠던 황폐했던 날들을 딛고 온전히 회복되리라. 왜냐하면 에덴 동산의 타락 이후로 방황을 거듭했던 잃어버린 세월들이 나의 영원한 우주의 '시간 없는 얼굴' 위에서는 눈 깜박할 순간에 지나지 않기 때문이다. 그렇게 씹혀지고 먹혀졌던 고통과 시련의 모든 시절은, 부활한 그리스도의 참된 형제애 안에서 잊혀지게 될 것이다.

그대가 그대의 형제들을 끌고 가야 한다는 믿음에 짓눌려 살아왔다면, 그대는 스스로 '그 문'을 통과하여 비상하려고 하지 않을 것이다. 그대 자신과 나에 대한 그대의 책임은, 모두를 위한 가장 큰 선이 무엇인가에 그대의 마음을 내내 집중하는 것이다. 기도가 절실하게 필요한 나의 사랑하는 자녀들이 세상에 넘치도록 많은데, 친구들이나 친척들로 이웃을 한정할 필요가 어디에 있겠는가? 그대의 개체적 자아를 넘어서는 의식으로 그대의 비전을 확장시켜, 그들 모두를 포함시켜라.

나의 계명은, 제대로 이해하기만 하면, 생각처럼 그렇게 지키기가 어려운 것이 아니다. 나는 그대가 어느 한 방향으로 힘을 쏟기를 바라지 않는다. 지나치게 애쓰지 말아라. 성령은 부드럽고 살갑고 다정하게 속삭일 뿐,

그 무엇도 강요하지 않는다. 나는 그대가 문자 그대로 마음을 편하게 갖고 나의 현존을 의식하기를, 그리하여 온 세상 모두를 위한 진실을 그대가 숙고하면서 내면의 '빛'을 켜기를 바라고 있다. 그때가 되면 그대는 나와 그대의 이웃들을 그대 자신처럼 진실로 사랑하게 되리라. 의식하지 않으면서도, 사랑 속에 존재 전체를 담그게 되리라.

그대를 '있음'의 영역으로 상승하면서 살도록 도와줄 상승의 두 번째 마음가짐은, 찬미하는 마음이다. 찬미하는 마음은 사실 사랑과 분간할 수 없을 정도로 늘 한데 붙어 있다고 할 수 있을 것이다.

모든 축복이 흘러나오는 근원인 나를 찬미하라. 그대가 그리할 때, 모두에게 가장 중요한 그리스도의 진동이 그대의 가슴 안에서 촉발되리라. 그대의 마음을 진공 상태로 만들어 모든 생각들을 끄려고 애쓰는 것은, '그 문'을 향해 상승하는 마음으로 살아가는 일에 그리 큰 도움이 되지 못한다. 온 우주를 다 뒤져보아도 진공이 자리를 차지할 만한 공간은 없다. 인간들의 마음 안에는 더욱 더 그렇다. 대신, 나는 그대가 그대의 생각을 고양된 그리스도의 수준으로 끌어올리고 그 상태를 유지하는 데에 집중하여, 내가 부여하는 내면의 평화를 그대가 온전히 누릴 수 있게 되기를 바란다.

모든 축복은 나로부터 흘러나온다는 것을 깨닫고, 그대의 가슴을 찬미하는 마음으로 가득 채워라. 그대가 만지는 모든 물질의 조각들은, 한때 '거룩한 영'의 바다에 떠돌았던 것이다. 그러한 변화의 기적이 조금도 그침이 없이 일어날 수 있다는 사실이 경이롭지 않느냐? 그런 경이들을 그대는 얼마나 자주 놓쳐버리는가? 붉은 토마토를 손에 쥐고 그 달콤한 즙을 다시 한 번 생각해 보라. 일 년 전 그 씨앗이 심어졌을 때는 한데 뭉쳐진 원자 덩어리일 뿐이었던 것이, 어떻게 그렇게 달콤한 즙이 되었을까? 그것들은 보이지 않는 나의 '거룩한 영'의 부분이 아니었던가?

예수가 그대들에게 들의 백합화를 보라고, 그것들이 어떻게 자라는지를 보라고 충고를 한 것은, 결코 기이한 일이 아니다. 잠시라도 거기에 대해 숙고해 보라. 그것들은 수고하지도 않고, 실을 잣지도 않는다. 내일을 걱정하지도 않는다. 그들의 생명력은 보이지 않는 날것의 내 질료들에 의존한다. 그럼에도 그들은 얼마나 잘 입고, 잘 먹는가?

그대가 바라보는 모든 것에서, 그대가 정직하게 찾고 있기만 하다면, 그대는 자연을 통하여 일하고 있는 나의 전지전능에 대한 증거를 얼마든지 찾아낼 수 있으리라. 모든 물질의 기본 구조를 잠시만 생각해 보아도, 그대의 겉거죽 마음은 찬미와 경이로 금세 가득 채워지리라. 원자는 작고 작은 태양계나 마찬가지여서, 중심 핵은 태양에 비교할 수 있고, 바깥 궤도를 돌고 있는 하나 이상의 원자들은 행성들에 비교할 수 있다. 핵과 전자들 사이에는 어마어마한 공간이 자리한다. 각자 그리고 모든 부분이 영원히 운동을 한다. 토마토나, 그대가 만져서 딱딱하다고 느끼는 어떤 것도, 그 안에는 참으로 넉넉한 공간이 있으며, 그 안의 전자들은 단 일초도 쉬지 않는다.

그대가 삶 속에서 만나는 모든 사람, 모든 장소를 대수롭지 않게 보아 넘기는 습관을 버리기만 하면, 찬미의 빠른 진동에 고무되고 자극받기를 진지하게 원하기만 한다면, 그대는 그대의 상상을 먹여주고 채워줄 살아 있는 증거들을 언제든지 만날 수 있으리라.

나의 일은 결코 그침이 없어서, 하늘나라의 영역은 말할 것도 없고 이 지상에도, 세상 사람들 모두가 꿈꾸는 것보다도 훨씬 더 많은, 무수한 경이들이 존재한다.

나는 진실로 만물 안에, 만물을 통하여 존재한다. 그대가 마음의 문을 열고 투철하게 바라보기만 한다면, 그대는 실제적인 표현물들 안에서 얼마든지 나를 목격할 수 있다.

그리스도의 진동을 구현하는 세 번째 상승의 마음가짐은 감사하는 마음이다.

이 마음가짐은 사랑과 찬미의 마음가짐과 너무나 밀접하게 엮여져 있어서 서로 떼려야 뗄 수 없을 정도이다. 그대가 그리스도의 빛나는 비전을 받아들이고 그것을 사랑하기로 그대 자신이 허용하기만 하면, 그대가 지성으로 헤아리는 마음을 내려놓고 언제 어디에나 존재하는 나의 편재성에 눈을 뜨기만 하면, 그대에게는 감사하는 마음이 저절로 흘러넘치게 되리라.

인간 종족의 각 개인이 자신들의 미래를 그림 그리고

그것이 실현될 것을 확고하게 믿기만 하면, 그들 각자 각자를 기다리고 있을 찬란한 미래를 상상해 보라. 얼마나 가슴 벅찬 일인가! 지상의 인간들이 자신들 안에 이미 내재된 신성한 힘을 믿고 그것을 실현하기로 결심했을 때, 그들을 기다리고 있는 미래를 상상하기만 해도, 그대 가슴의 저장고에서는 저절로 감사가 솟아나 흘러넘치게 되리라. 감사의 진동은 너무나 강력한 창조의 힘이어서, 늘 감사하면서 살게 되면, 그것만으로도 그대는 그대가 깨닫는 것 이상으로 지상적인 것에 사로잡힌 인간들이 만들어내는 하위창조로부터 자유로워질 수 있게 될 것이다.

그대의 잠재된 마음을 숙고하고 거기에 감추어진 보물들을 숙고함으로써, 그대 자신을 감사하는 마음으로 가득 채우라. 잠겨진 마음 자체에 감사하라. 그 마음이 없다면 그대는 어디에 존재하게 될까? 예수가 했던 것보다 더 큰 일을 행할 수 있도록 하게 해주는 것이 바로 그 잠재의식이다. 나의 우주의 형언할 수 없는 경이를 경험할 수 있게 해주는 것, 그것은 곧 그대의 잠재된 마음이고 잠재된 의식이다. 그대의 병든 형제들의 몸에 나의 '빛'이 흐를 수 있게 하여 온전해질 수 있게 해주는 것도 바로 그 마음이다.

그대는 오랜 동안 바로 이 마음과 더불어 살아오고 있다. 그대의 재능들이 얼마나 확장될 수 있는지 생각해 보라. 그렇게 경이로운 자질이 그대의 것일 수 있다는 것에 감사하는 일이 얼마나 자주 있었는가? 이러한 감사의 마음을 한껏 증폭시켜서, 지구상에서 살아가는 모든 인간들의 모든 마음에 경건한 감사를 보내라.

그대의 심장(가슴)에 대해 생각하고, 그대의 세포들에 생명이 온전히 흐를 수 있도록 유지하는 '그대 심장의 지칠 줄 모르는 노력'에 대해 생각하라. 세계를 흔들 수 있을 만큼 '그리스도 사랑'의 진동이 흐르도록 하는 것은, 바로 지금 열려 있는 이 가슴 센터를 통해서이다. 사랑의 진동, 그것을 지금 여기에서 일어나고 있는 일로 느끼고 있다면, 그대는 강력한 믿음의 나라에 이미 들어서 있는 것이다.

그대의 오감에 감사하고, 시각·청각·후각·미각·촉각 등 그대의 오감 하나하나를 강화시켜라. 나의 사랑하는 세계를 그대가 즐기는 것은 바로 그대의 오감을 지상의 인간들이 자신들 안에 이미 내재된 신성한 힘을 믿고 그것을 실현하기로 결심했을 때, 그들을 기다리고 있는 미래를 상상하기만 해도, 그대 가슴의 저장고에서는 저절로 감사가 솟아나 흘러넘치게 되리라.

통해서이다. 나의 수많은 집들이 갖는 투명한 아름다움을 그대가 즐길 수 있는 것도, 그대의 오감이 서로 협력함으로써 가능해진다.

그대로 하여금 평온한 일상을 유지할 수 있도록 그대에게 이롭게 작용하고 있는 수천 수만의 것들에 대해 감사하라.

그리하면 그대는 예전의 그 어떤 걸음보다 더 큰 걸음을 내딛게 될 것이니, 그대가 원하고 바라는 일들이 이미 이루어진 것처럼 느끼고 감사하라.

그대의 시야에 우뚝 서 있는 '위대한 우주적 존재'를 바라보고, 이 거룩한 인간상이 바로 그대 자신에 다름아님에 감사하라. 그는 그대 자신이고, 언제나 그대 자신이었다. 그대가 그를 위축시켜 온 것일 뿐이다. 그대가 '위대한 우주적 존재'로서 부활하게 된 것은, 그동안 그대가 그렇게 살아오지 않았기에 가능한 일이니, 거기에 감사하라.

이러한 세 가지 상승의 마음가짐은 그대에게 완전하

게 들어맞는 열쇠들이고, 사방팔방으로 통하게 하는 열쇠들이다. 이 열쇠들이 이제 그대의 손에 쥐어져 있다. 그 문이 활짝 열리는 것을 보고자 한다면, 그대는 그 열쇠들을 꾸준히 사용해야 한다. 사용하지 않으면, 잠겨 있게 되기 때문이다.

그대의 머릿속을 차지해 온 게으른 생각의 흐름을 이들 세 가지 상승의 마음가짐들로 대체하라. 그러면 그대의 가슴은 명상의 기쁜 기도를 노래 부르게 될 것이다. 언제나 열매를 맺게 될 기도를 노래 부르리라.

문제를 해결하기 위한 기도, 결핍을 채우기 위한 기도는 하지 말아라. 문제에 대해 생각하는 것은 생각의 힘을 부족함이나 문제에 내어주게 되고, 문제를 더욱 어렵게 만들어 버린다. 문제에 대한 생각이 그대의 기도가 되는 순간, 그리스도 정신으로의 상승은 나아가야 할 길을 잃어버린다.

그대는 오직 나에 대해서만, 그리고 나의 수많은 자녀들이 문을 열자마자 내가 자녀들을 위해 챙겨놓은 하늘나라에 놓아둔 보물들에 대해서만, 마음에 그려라.

이 세 가지 상승의 마음가짐들로 그대의 일상생활의 피륙을 짜 나아갈 때, 그대는 위대하고도 강력한 믿음으로 채워지게 되리니, 왜냐하면 사랑, 찬미, 감사가 '위대한 우주적 존재'의 가장 주요한 자질이기 때문이다.

그대는 내가 사랑하는 '위대한 우주적 존재'이니, 그대의 열쇠를 손에 쥐고 문을 활짝 열어라. 그대 본연의 거주처로 들어가라. 아버지의 집으로 돌아간 탕자가 되라. 하늘나라의 모든 주인들이 그대의 귀향을 기쁘게 맞이하려고 기다리고 있다.

8

날개를 달아줄 마음가짐들

겉모습을 보고 판단하는 습관을 버리지 않는 한, 사랑하고 찬미하고 감사하는 것을 영원한 자질로 만드는 일은 지난한 일이 될 것이다. 인간적인 차원에서 일어나는 모든 문제들과 슬픔들을 마치 없는 일인 양 전적으로 무시할 수는 없는 일이다. 그대가 '거룩한 영'의 '영원한 팔'에 안기어 있다는 느낌에 친숙하려면, 그대는 겉모습 뒤에 감추어져 있는 '내 현존의 영광'에만 그대의 시선을 두어야 한다.

겉모습들의 망網이 언제나 그대의 눈을 가리려 할 것이니, 진실을 보기가 결코 쉬운 일은 아니다. 하지만 세 가지 상승의 마음가짐이 그대의 '아버지 의식'을 깨우는 동안, 이 거대한 폭풍 한가운데에서도 그대의 괴로운 마음(가슴)을 고요하게 할지어다. 아버지는 분노하는 폭풍조차 너끈히 지배할 수 있나니.

그대가 계속해서 겉모습들에 사로잡혀 곤란과 어려움이 생길 때마다 그것들을 나의 뜻이라고 판단한다면, 그것은 그대를 도우려는 손길을 가로막아 버리는 것과도 같다.

모든 겉모습들은 '증가된 이해'를 통하여 스러지게 된다. 그대가 인간 종족의 믿음에 젖어서 살면서도 '더 증가된 이해'에 목말라 하지 않는다면, 그대는 진실의 강물을 가로막는 댐을 세워 놓은 셈이다.

성서시대의 위인들은 만사를 눈에 보이는 대로 받아들이는 사람들이 아니었다. 그들은 겉모습의 진실에 도전하였고, 신이 완전하지 않다는 어떤 생각도 거부하였다.

욥에게 곤경이 닥치자 사람들은 그것이 그의 죄 때문이라고 생각했지만, 욥은 그들의 생각에 동의하지 않았다. 물론 그는 세상의 법 아래에 살고 있었고, 그의 고난은 자신이 뿌린 것을 거둔 결과라고 할 수 있다. 그럼에도 그는 자신이 최선을 다하여 살았고 어떤 큰 죄도 짓지 않았다고 자신하면서, 도대체 왜 무슨 이유로 고통을 주는지 답변해 달라고 나에게 항변하였다. 그는 자신이 그토록 고난을 당해야 하는 이유에 대하여 정말 알고 싶어 하였고, 나를 향해 거대한 물음표를 진실되게 제기하였다. 그가 그토록 갈망하였기에 더 수준 높은 '이해'가 왔고, 마침내 그의 상실감은 회복될 수 있었다.

엘리야는 은신해 있던 여인의 아들이 병에 걸려 숨을 거두는 것을 보고, 자신이 믿는 하나님이 살인자일 수 있다는 것을 믿기 어려웠다. 헤아릴 수 없이 많은 나의 아들 딸들이 겉모습을 보고 판단하고, 죽음을 나의 뜻이라고 받아들여 왔다. 엘리야는 내가 어린 아이를 어떻게 그렇게 죽일 수 있겠느냐고 울부짖으며, 거세게 항의하였다! 그가 지켜보는 앞에서 죽었던 그 아이는 다시 살아난다 (참조. 열왕기상 17:17-24).

예수의 제자들은 겉모습에 쉽게 속아 넘어갔다. 십자가 처형을 당하기 전, 그는 자신이 죽었다가 다시 살아날 것이라고 말했다. 그들이 그의 수치스러운 죽음을 목격했을 때, 그들은 자신들이 본 것으로만 판단을 한 나머지 영원한 삶에 대한 그의 아름다운 메시지를 완전히 놓쳐버렸다.

참된 진리에 허기진 마음은 겉모양을 받아들이기를 거부한다. 눈에 보이는 것만으로는 만족할 수가 없다. 종교 지도자들은 저마다 나름대로 선과 악에 대한 교리를 가르치지만, 진정으로 허기진 마음은 그런 말을 들을수록 더욱 더 허기가 질 뿐이다.

나의 아이들이 마침내 진실을 경험하게 되는 길은, 떨치고 일어나서 겉모양에 도전, 대대로 내려오는 견해들을 다 내던져 버리고, 마음의 여백을 가지는 것이다. 그럴 때, 나의 나라의 현존을 얼핏이나마 독자적으로 엿볼 수 있을 것이고, 그것이야말로 위대한 출발점이 되리라.

구하라, 그러면 찾을 것이다. 구하는 자가 찾을 것임은 이미 보장된 결과이지만, 그대가 목말라 하지 않는다면, 그대가 이미 찾았다고 생각한다면, 그대의 손은 나에게 닿지 못할 것이다.

새 포도주가 낡은 부대에 부어질 수 없는 것은, 낡은 부대는 오래된 것들로 이미 가득 차 있기 때문이다. 나의 아이들이 '명명백백한 신'과 더불어 만족해 왔다면, 새로운 진리는 그들에게 퍼부어질 수 없다. 내가 그대를 죄 짓도록 창조하였고, 그대가 죄를 짓게 되면 내가 그대를 고통 속에 내버려둔다는 오래된 신념을 그대가 받아들인다면, 그대는 희망 없는 상황에도 별다른 의심 없이 질질 끌려가면서 살아가기 쉽다. 아무리 노력해도 완전해질 수는 없다는 것을 알면서도 노력하지 않으면 안 되는 사람이 될 수밖에 없다.

그대가 그대의 겉거죽 마음을 모두 내려놓고 텅 비게 만들어서, 허기진 마음으로 궁극에 대한 질문을 가슴에 안고, 온전히 치유하는 나의 현존에 대한 징표를 계속적으로 구하고 또 구한다면, 완전함과 진실은 모두 그대의 것이 되리라. 처음에 그대는 자신이 길을 잃은 것처럼, 그대의 모든 열망이 무시되고 있는 것처럼 느낄 수 있다. 하지만 이것은 단지, 인간적인 관점에서 매우 깊은 잠에 빠져 있는 것으로 보이는 '아버지 의식'을 그대가 깨우려고 애써 온 지가 오래 되었다는 증거일 뿐이다.

하늘나라는 그대 안에 있다. 물론, 그동안 내내 그대 안에 있어 왔다는 것도 사실이다. 그대가 겉모습으로 판단하는 것을 거부하고 완전함을 추구하기 시작할 때, 그때만 그대가 그대의 겉거죽 마음을 모두 내려놓고 텅 비게 만들어서, 허기진 마음으로 궁극에 대한 질문을 가슴에 안고, 온전히 치유하는 나의 현존에 대한 징표를 계속적으로 구하고 또 구한다면, 완전함과 진실은 모두 그대의 것이 되리라.

이 그대 내면의 하늘나라는 동요하게 된다.

나사로가 죽고 난 후, 예수가 그 겉모습에 안착했더라면, 죽은 자가 부활하는 놀라운 사건은 결코 일어날 수 없었을 것이다. 마리아와 마르다는 나사로가 죽은 지 나흘이나 지난 뒤인지라 육신의 부패 과정이 이미 진행되었으리라고 확신하여, 너무 늦었다고 굳게 믿고 있었다.

예수는 "판단하지 말라"는 말을 여러 차례 되풀이하였다.

겉모습의 아래에는, 내가 창조한 '완전한 세계의 영원한 팔들'이 존재한다. 이러한 앎에 상응하는 올바른 판단만을 해야 한다. 허점투성이의 표면적인 마음 아래에는, 전지전능하고 완전한 '그대 존재의 중심에서 뻗어나온 영원한 팔들'이 존재한다.

나의 내면의 하늘나라에 대한 징표들은, 이러한 진실에 대한 그대의 이해를 앞서지 않는다. 그대의 이해에 발맞춰 펼쳐진다. 징표들은 그대의 믿음을 앞서지 않는다. 그대의 믿음의 정도에 따라 펼쳐진다.

겉모습과 다투는 가운데에서도, 그대가 할 수 있는 최선의 판단을 하도록 연습하라. 인간들이 만들어내는 하위창조의 그물망 아래에 있는 '영원한 완전함'에, 그대의 생각과 느낌의 초점을 계속적으로 맞추도록 하라.

걱정과 좌절 대신 가슴으로 기쁜 노래를 부르면서, 이렇게 새로워진 마음을 습관화함에 따라, 그대는 마침내 믿음의 견고한 바위 위에 설 수 있게 되리라.

9

뿌리 내리기

뿌린 대로 거둔다는 지상의 오래된 법은, 그대의 의식을 상승하도록 돕는 데에도 적용될 수 있다. 이 법은, 그대가 토마토 씨를 뿌린다면 그대는 익은 토마토를 거둘 수 있다는 것을 알기 쉽게 말해 준다. 그대가 사랑을 뿌린다면, 그대는 사랑을 거두게 될 것이다. 그대가 그대 주변에 '나의 완전'에 대한 믿음을 뿌린다면, 그대는 이 완전함에 아주 가까운 상태를 경험하고 거두게 될 것이다. 그대가 그대의 '위대한 우주적 자아'의 비전을 심는다면, 그대에게는 필연적으로 추수하는 날이 당도하게 되리라. 비슷한 것이 비슷한 것을 끌어들이고 생산하기 때문에, 이것은 무한히 적용될 수 있는 법칙이고, 모든 진동 수준에서 작동되며, 깨뜨려질 수 없는 법칙이다. 가시나무가

엉겅퀴 위에서 자라지 않고, 붉은 토마토가 사과나무에 열리지 않기 때문이다.

그대가 빵을 달라는 기도를 심을 때, 나는 돌을 보내지 않는다. 그대가 '살아 있는 그리스도'의 씨를 심는다면, 그대는 더 나은 인간성 이상의 것을 거두게 되리라. 그대가 나에게, 그대의 '아버지 의식'에, '거룩한 영'의 선물을 요청하면, 나는 실망을 보내주지 않는다.

나의 선물들은 경계 없이 풍성할 것이므로, 그대의 가슴은 찬미의 노래들로 벅차오를 것이다. 오래전 클레멘트*가 다음과 같이 노래 불렀던 것 이상으로. "친구여, 주님의 선물은 얼마나 복되고 경이로운가. 불멸의 삶이여! 공의롭게 빛나는 삶이여! 꽉 찬 확신 속의 진실이여! 온전한 믿음이여! 거룩한 온화함이여! 우리의 이해에 따라 커져가

---

* 알렉산드리아의 클레멘트는 영성신학의 토대를 닦은 인물로 평가된다. 그에 따르면, 우리 영혼이 온전한 정화와 깨우침을 얻게 된 후 더욱 정진하면, 우리의 영혼과 하나님이 연합된 '합일의 삶'에 이르게 된다. 이 단계가 되면, 어떠한 노력이 없이도 하나님의 뜻과 조화된 삶을 살게 되며, 형용할 수 없는 신적 평화와 기쁨을 누리게 되고, 예수 그리스도처럼 하나님과 동행하는 삶을 살게 된다.

는 당신의 나라여!"

그대는 클레멘트가 가졌던 것과 똑같은 믿음의 능력을 가지고 있다. 나는 그대를 진실로 완전하게 만들었고, 완전한 세상 속에서 살게 하였다. 이 완전성은 그대의 것이고, 그대가 이해하는 정도에 따라 펼쳐진다. 믿고자 하는 그대의 의지에 따라 펼쳐진다. 그대의 믿음에 따라 문이 열리는 정도가 달라진다.

누구라도 자신이 눈으로 본 일은 믿을 수 있다. 날마다 뉴스로 보도되고 있는 것들은 누구라도 믿을 수 있다. 누구라도 위대한 과학적 발견이나 발명품에 대해서는 믿을 수 있다. 과학이 입증하는 것들을 믿지 못할 사람은 없다. 명명백백한 신을 누가 믿지 못하겠느냐? 도저히 일어날 수 없는 일이 일어나는 '불가능한 완전함'의 영역에 있는 신을, 인간의 이해 범위를 넘어선 신을 믿기가 어려운 것이다.

일어날 수 있는 일을 일어나게 하기 위해서만 믿음을 사용하고 있다면, 그대는 인간의 이성의 범위를 초월한 일이 일어날 수도 있다는 믿음으로 범위를 넓힐 수 있는 가능성을 품고 있는 것이다. 그대는 놀라운 발견을 할 수 있는 여지를 향해 나아가고 있는 것이다. 이러한 초월의 범주야말로 진실로 믿음의 고향이며, 믿음이 작용하는 영역이다.

이러한 범주 너머로 그대 믿음의 향불을 타오르게 하는 연습을 할 때, 그대는 그대의 인간적인 차원을 넘어설 수가 있게 된다. 나의 방법들은 인간들의 이해 수준을 진실로 넘어선다는 것을 그대가 마침내 이해할 때, 그리스도 예수 안에 있었던 그 마음이 그대 안에서도 요동치게 되리라. 예수는 나의 '불가능한 방법들'에 대한 믿음을 가지고 있었을 뿐만 아니라, 그의 바람들이 생각의 속도로 실현된다는 강력하고도 위대한 믿음 또한 가지고 있었다.

말할 필요도 없이, 믿음은 매우 역동적인 진동이다. 그것은 굳건한 '상승의 마음가짐'과 결합된 진동이다. 그것은 또한 나의 '거룩한 영'의 진동과 하나이다. 그러므로, 믿음이 작동할 때에는, 그대의 영혼과 나의 '빛' 사이에 영원한 동조가 일어나게 되어 있다.

그대는 여러 차례 믿음을 활용한 적이 있다. 그대가

두려워했던 일들이 그대에게 일어나는 것도, 그대의 믿음으로 인해 그렇게 된 것이다. 그대로 하여금 늘 원함의 상태에 있도록 곤경을 불러온 것도, 그대의 믿음이었다. 그대의 재능들을 묶어두도록 한계를 불러온 것도, 그대의 믿음이었다. 육신의 질병이나 나이듦으로 하여금 그대의 생명력과 영원한 젊음의 실재를 파괴하게 한 것도, 그대의 믿음이었다. 태어나고 죽고 태어나고 죽으면서 길지 않은 생애들의 사이클로 그대 자신을 묶어놓은 것도, 그대 자신의 믿음이었다.

그대 자신에게 파괴를 불러오는 일에 그토록 자주 믿음이라는 것을 사용해 왔기에, 그대는 이미 믿음의 위대하고도 강력한 힘을 숱하게 연습해 본 셈이다. 이제 그대가 행해야 할 필요가 있는 모든 것은, 그대의 태도를 거꾸로 돌려서 그대의 믿음을 나에게 돌려주어, 그대의 영혼 안에 갇혀 있는 '거룩한 패턴'이 펼쳐지도록 초대하는 일이다.

믿음의 바위 위에 그대의 마음자세를 재건축하는 일은, 그대의 발밑에 확고한 기초를 다지는 일이다. '아버지 의식'이 하는 방법들은 인간들의 표면적인 마음으로는 불가사의할 뿐이라는 것을 철두철미 이해하기만 하면,

그대의 믿음은 살아 있는 사람들에 의해서는 결코 부서질 수 없게 된다. 의심 많은 도마가 땅 자체를 흔드는 것이, 그대가 딛고 선 확고한 토대를 움직이는 것보다 더 쉬울 것이다.

기적이란, 지상의 영역에서는 '존재'의 시간 없는 영역에 이미 존재하는 완전함의 물질화에 지나지 않는다. 나의 자녀들이 거짓 믿음에 미혹당하지 않고 그리스도 정신으로 상승되어 살아간다면, 그들 사이에서는 기적이 매일같이 일어날 수 있다. 나날의 생계에 시달리면서 살아가는 평균치의 인간 의식을 지닌 사람이 다소라도 위로 솟아나려면, 강렬한 감정이 솟아나서 창조에 기름을 부어주어야 한다. 목마름과 갈망하는 바가 없는 낮은 차원에서는 믿음 자체가 작용할 수 없다. 그런 상태에서는 믿음을 발휘해 보아야 인간의 선이나 악이 되풀이 소환될 뿐이다.

위대하고 강력한 믿음이 작용한다는 것은, 어두운 바깥쪽이 아닌 내면의 그리스도를 바라본다는 뜻이다.

예수는 아무런 목마름이 없는 수많은 사람들로 인해 많은 도전을 치러야 했다. 이렇게 길 잃은 영혼들의 표면적인 마음은 진실에 너무나 닫혀 있어서 희미한 빛 정도로는 뚫고 들어갈 수가 없다. 자신들의 '신들'을 이미 가진 사람들은, 그를 비웃고 박해하였다. 어떤 이들은 그가 초인적인 능력을 가진 것으로 여기고, 그를 숭배하기도 했다. 그가 계시한 진실을 스스로 자신들에게 적용할 만큼 이해한 사람은 많지 않았다.

그대가 인과의 수레바퀴에서 벗어나기를 바란다면, 그대는 진리를 배우고 믿어서 나의 '영'에 의해 눈을 뜰 때까지 기다려야 한다.

믿음은 부분적으로나마 그대의 가슴 센터를 열어준다. 믿음이 없으면, 그대의 가슴은 완전히 닫혀 버린다.

신앙은 믿음보다 훨씬 더 깊고 폭넓은 것이다. 신앙은 가슴이 활짝 열린 상태를 의미하고, 역동적인 진동을 하는 상태이며, '빛'으로 충만할 수 있는 준비가 된 상태이다.

믿음이 함양되고 길러지고 연습되면, 신앙으로 확대된다. 신앙은 '경험된 앎'이 된다. 예수의 가르침 중에서 가장 강조되었던 것은, 그대가 믿어야 한다는 것이었다. 위로 상승하는 마음으로 살지 못하게 가로막는 가장 큰 방해물은, 의심이다. 의심은 그대의 가슴으로 하여금 너무 달려 나가지 못하도록 해주는 긍정적인 역할도 한다. 하지만 저장고 바닥에 여기저기 수많은 구멍이 나 있다면 어떤 일이 생길까? 그대는 나의 생수를 담고 있는 저장고이다. 하지만 그대가 의심으로 가득 차 있다면, 그것은 저장고 바닥에 수많은 구멍이 나 있는 것과 마찬가지여서, 물이 샐 수밖에 없을 것이다.

믿음은 가능해 보이는 범주를 넘어서 적용되어야 마땅하다. 믿음의 경지가 높으면, 겨자씨 하나가 무성하게 자라서 새들이 깃들일 정도가 되는 그런 상태가 될 수 있다. 아주 작은 믿음이라도 일단 뿌려지기만 하면, 시간이 아무리 많이 걸리더라도 계속해서 성장할 수 있다. 아주 작은 믿음이라도 신앙으로 성장해 갈 수 있는 가능성을 지니고 있는 것이다.

겉모습을 따라가는 사람에게는, 힘든 일들이 그치지 않는다. 근심 걱정이 없는 것이 오히려 이상해진다. 힘든 일이 으레 있을 것을 예상하고, 늘 거기에 대비해야 한다.

그대의 내면에 거주하는 '아버지 의식'의 속삭임은,

그대가 하는 모든 일들이 다 완전해질 것이라고 말한다. 신앙으로 나에게 돌아서서, 나로 하여금 그것을 그대에게 드러내어 보여주도록 허용하라.

그대가 '영원한 팔'에 대한 믿음을 심을 때, 그대의 지친 겉거죽 마음은 '영원한 쉼'에 들어가게 되리라. 그대가 온 세상으로 하여금 그대가 신을 믿고 있다는 것을 들으라고 찬송을 할지라도, '완전한 있음'의 내 나라를 지상의 모든 이들이 지금 여기에서 영원히 누릴 수 있다는 것을 그대가 부인한다면, 그대는 진실로는 나를 부인하고 있는 것이다. 그대의 믿음은 나의 기대에 미치지 못하고 있는 것이다. 그대는 진실에 대한 나의 말을 무시하고 있는 것이다.

나의 선은 영겁의 세월 동안 준비된 상태로 있어 왔다. 그것은 그대의 신앙 정도에 상응하여 그대의 눈앞에 계시된다. 그대가 그리스도의 차원을 향해 상승하는 삶을 살기 시작할 때, 그대는 실패를 믿는 신앙, 곤경과 궁핍을 믿는 신앙의 습관을 그치고, 나의 선물들에 대해 감사하고 찬미하면서 살아가게 될 것이다. 가슴이 기뻐하는 노래를 부르게 될 것이고, 말로 표현할 수 없는 값진 선물들이 주어지고 경험될 것이다. 내면의 내 능력은 외면의 그럴듯한 어떤 힘보다 더 막강하다. 지금 그것을 알아야 한다. 내면에 있는 나의 힘은 아무리 거센 폭풍우로부터라도 그대를 구해 줄 수 있다. 내면에 있는 이 힘은 그대 신앙의 채널을 통해서 쓰여지기를 기다리고 있다.

그대는 언제나 그대의 의식이 거주하는 차원만을 보여준다. 그러니, 보이지 않는 것을 어떻게 보이는 것으로 가져올 수 있는지, 그대는 그 비밀을 배워야 할 필요가 없다. 왜냐하면 그대는 살아가는 내내 이것을 행해오고 있기 때문에. 마음의 힘은 그것이 쓰여지는 방식에 상응해서만 보여지는 것일 뿐, 그 이상의 것은 보여줄 수가 없다.

그러므로, 그대는 기적을 행할 수 있는 그대의 능력에 대한 신앙을 연습할 필요가 없다. 왜냐하면 그대의 의식을 더 높은 수준으로 끌어올리기 위해 연습을 하기만 하면, 기적은 저절로 일어날 것이기 때문에. 기적은 인간의 생각의 결과로 일어나는 것이 아니다. 그리스도처럼 있기만 해도, 기적은 자연스럽게 일어나게 된다. 그리스도의 경지가 되면, 그대의 생명을 멈추는 것이 기적을 멈추는 것보다 더 쉬운 일이 될 것이다.

그대가 나에게 모든 것을 다 맡기고, 나의 뜻이 그대 안에서 행해질 수 있는 차원을 향해 상승하는 삶을 살겠다는 오직 하나의 목표만을 위해 살아가는 법을 배울 때, 모든 외부 조건들과 환경들은 그대가 그렇게 하려고 애쓰지 않아도 저절로 해결될 것이다. 그 어떤 것도 바꾸려고 할 필요가 없게 될 것이다. 그대의 '있음' 자체로 모든 것이 다 제 갈 길을 가게 되리라.

그대 육신의 질병이나 결함을 고치려고 애써 왔다면, 그런 노력에 대해서는 잊어버려라. 그저 평화롭게 있어라. 그런 겉모습은 아예 무시해 버리고, '영원한 팔'에 안겨 노래 부르는 자리로 들어가라. 그대의 의식이 나의 경계와 만나 위로 상승하게 되기만 하면, 치유는 저절로 일어나게 된다.

나에게 오라. 수고하고 짐진 그대여, 내가 그대를 쉬게 하리라.

더 높은 의식의 차원에서 보면, 불완전이란 '나의 빛' 앞에 전개되는 하위창조의 그물망에 지나지 않는다. 높은 차원에 들어서기만 하면, 인간들의 창조놀이에 더 이상 매이지 않고 아무런 걸림 없이 그것을 지켜볼 수 있게 된다.

위대하고 강력한 신앙을 사용함으로써만, 그대는 그대의 마음을 나에게로 향하게 하고 그 상태를 유지하는 법을 배울 수 있다. 그대도 포함되어 있었던, 한계 안에 갇힌 인간 종족의 믿음은, 그대들이 스스로 감당하지 않으면 안 되었던 '자해의 십자가'를 불러온 셈이다. 그대는 바람결에 이 십자가를 던져 버리고, 그대 눈에 씌워진 '어두운 색안경'을 벗어버리라. 그리하면 머지않아, 똑바로 서서 나의 왕국을 보게 될 날이 밝아오리라.

그대 내면의 마음이 전지하고, 그리스도의 마음과 진실로 하나라는 흔들리지 않는 신앙을 가질 때, 그대는 그대 자신이 내 은총의 자유 아래에서 살아가고 있음을 알아차리게 되리라. 이러한 내면의 마음이 언제나 깨어 있도록 방심하지 말아야 한다.

내가 그대에게 한 모든 약속 안에서 그대가 신앙을 가질 때, 그대는 굳건한 바위 위에, 흔들리지 않는 확고한 기반 위에 서게 될 것이다. 그때, 그대의 영혼은 그대 존재의 중심에서 주인들 중의 주인, 왕들 중의 왕으로서 그대의 몸의 성전을 통치하기 위해 확고히 설 수 있게 되리라. 의식적인 앎을 오래도록 갈구하게 되면, 이런 형태의 신앙이 신속히 자라게 된다.

물론, 그대가 상승하는 삶을 살려는 노력을 계속한다면, 단시일 안에 깨닫게 되겠지만, '나를 아는 것'과 단지 '나에 관해서 아는 것'에는 설명할 수 없는 차이가 있다.

나와 '하나' 될 수 있다는 신앙은, 그대를 사방팔방 '모든 것에 통하는 문'으로 이끌어서, 그대로 하여금 나를 온전히 알도록 그대를 나에게로 끌어당기는 자석이 되어 주리라.

10

완전한 고요

그대가 텅 빈 고요함에 머물게 되면,

나의 '거룩한 영'은 그대를 들어올리기 위해 그대 마음의 '문'을 통하여 그대에게 다가간다. 그동안에도 그대는 그대 '의식의 옷장' 속으로 은밀히 들어가 나를 예배하고, 그럼으로써 그대의 삶에는 알게 모르게 축복에 축복이 더하여진다.

위를 바라보며 살아가려고 하는 그대의 애씀은, '의식의 옷장'이라는 프라이버시 안에서 이루어져야 한다. 진실이 그대 내면에 불을 붙인 열정의 불꽃은, 게으른 말을 통해서나, 그대의 친족들과 친구들을 바꾸려는 노력을 통해서, 혹은 위대한 그리스도의 메시지를 가르치려는 애씀을 통해서 소모되어서는 안 된다. 이 열정의 불꽃은 바로 나의 불꽃이자 정화의 불꽃으로, 그대가 침묵 안에서 기르고 함양함에 따라 그대 안에서 자신을 정화하기 위해서 거기에 있다. 나의 불꽃이 그대에게 잠시 옮겨 붙게 되면 그대는 곧장 자기 자신을 '영적인 사람'으로 규정하고는, 형제들의 종교적 믿음을 바꾸어 주려고 애쓸지도 모른다. 형제들을 섬기기 위해서라는 명목으로. 하지만 나의 불꽃은 그런 목적으로 쓰여지기 위해 그대 안에 있는 것이 아님을 유념해야 한다. 그대가 변화에 대해 책임져야 할 유일한 사람은, 바로 그대 자신뿐이다.

어쩌다 흘낏 진실을 본 그대가 그 진실을 그대의 삶 속에서 충분히 녹여낼 때까지 기다리지도 않고, 사람들이 그대를 존경하여 절하기를 바라면서 그것을 사방팔방에 퍼뜨리려고 한다면, 그것은 겸허함을 완전히 상실하고 있는 것이다. 그대 자신을 기만하여 그런 거짓 교사가 되어서는 안 된다. 그대의 기만은 금세 알려지게 될 것이니, 왜냐하면 어중간한 진실은 여전히 인간 이성의 범주 안에 머물 뿐이어서 선과 악을 뒤섞고, 자신의 믿음이 만들어낸 거짓된 신을, 불완전한 자녀들을 창조할 정도로 온전한 신이 아닌 신을 정당화시키기 때문이다.

그대는 이런 눈먼 지도자가 되고 싶은가? 그렇지 않을 것이다. 나름 그럴듯한 신앙의 틀을 가지게 되었다는 이유로 자신을 뭔가 특별한 존재라고 생각하면서, 무리를 이끌고 몰려다녀서는 안 된다.

나의 진실을 가르치는 진정한 교사들은 나의 강함에 온전히 기대어, 내가 그들의 옷장 문을 열 때까지 그 안에 머물 수 있을 정도로, 충분히 겸허할 줄 알아야 한다.

그대의 주변 사람들이 자신들의 불완전한 거짓 신들을 아무리 선전하고 다녀도, 굳건한 신앙으로 온전히 고요한 상태에 이를 수 있는 사람은 참으로 찾아보기 어렵다. 그대의 옷장 안에 머물면서 이런 소음들을 차단하고, 완전한 '있음'의 유일한 신만을 발견한 사람들의 말에만 귀 기울여야 한다.

모든 이들이 마침내 내가 창조한 완전한 세계를 알고, 또 내가 그렇게도 사랑하는 완전한 자녀들 하나하나가 나의 영원한 팔 안에 안기기를 내가 열렬히 기다리고 있다는 것이 알려지게 될 때, 도처의 거짓 교사들은 그들 자신의 잘못된 행위들로 인해 수치를 당하게 되리라. 나의 '영'의 빛나는 에너지는 어떠한 차별이나 불공평도 없이 한 사람 한 사람 모두에게 퍼부어진다. 아무리 시커먼 죄인이라 할지라도, 진심으로 뉘우치고 돌이켜서 자기를 내려놓는 순간, 순결한 성자와 나란히 서게 되고, 나의 에너지는 그렇게 고양되는 순간을 기다린다.

저마다 각자가 이룩한 발전의 정도를 서로 비교한다든지, 자신의 영적 성취나 직관의 힘에 대해서 자랑을 늘어놓는다거나 허풍을 떪으로써 누군가에게 영향을 주려고 하는 것은, 지혜롭지 못한 일이다. 그대의 에고를 만족시키려는 이러한 충동은, 그대의 영성을 전혀 보여주지 못한다. 그것은 단지, 그대에게 요구되는 고요함의 상태로부터 그대가 얼마나 멀리 떨어져 있는가를 나타내는 명백한 징표에 지나지 않는다.

겸허한 침묵 안에서 항복하는 일은, 내가 그대를 자유롭게 하기 위해 보내는 번쩍이는 불빛을 가능하게 해줄 마지막 단계이다.

그대의 괴로운 마음은, 내가 용서하고 또 용서하는

아버지임을 아무런 단서 조항 없이 기꺼이 믿기까지는 결코 잦아들 수 없을 것이다. 표면적인 마음이 허술하고 또 결함이 많다고 하여, 나의 전능한 '영'이 자유에 이르는 '문'을 통하여 그대를 떠밀어 올리지 못하게 하는 근거로서 작용하는 것은 결코 아니다.

그대가 공부하고 믿으면서 기도하고 명상함에 따라, 그대는 결국 해묵은 모든 두려움들을 제거하고 그대 마음의 저장고에 고여 있는 소란을 고요하게 하는 큰 걸음을 내딛게 된다. 마음 밑바닥까지 비워지고 비워질 때, 그대는 완전한 평화의 상태로 변화될 것이다. 이해를 넘어선 평화는, 그대의 잠재된 마음 속에 묻혀 있는 많은 보물들 중 하나이기 때문이다. 이해를 넘어선 평화의 불이 밝혀지기만 하면, 그것은 그대의 성전 전체를 환히 비추게 된다.

그대가 이렇게 충만한 평화와 접촉하는 법을 배우고, 기회 있을 때마다 명상을 통해 그러한 평화로 돌아가는 법을 터득할 때, 그것은 표면적인 마음의 일부가 될 것이고, 그러면 그대는 밤낮으로 평화의 현존을 누리고 즐길 수 있게 된다. 평화, 그것이 그대 영혼의 깊은 우물에서 점점 더 많이 풀려나서, 그대는 그대 존재의 고요함에 잔 물결조차 일으키지 않는 '의식의 최고점'에 도달하게 될 것이다.

그대가 마침내 나의 세미한 내면의 소리를 듣고 안내를 받을 수 있게 되는 것은, 바로 이러한 '완전한 고요' 속에서이다.

이러한 내면의 소리는 그대의 '아버지 의식'에서, 그대의 '위대한 우주 자아'의 지혜 센터에서 비롯되는 진동이다. 이러한 이유에서, 그대의 귀로 들을 수 있는 말이 그대에게 전해지는 것은 아니다. '내면의 소리'는 소리이지만 '느껴지는 소리'이고, 우주의 음악만큼이나 달콤하고 또 명백한 진동이다.

나의 소리를 들으려고 하기보다는 느끼려고 해야 한다는 사실은, 이따금씩 나의 내면의 안내를 구하려고 애썼지만 어떤 것이 과연 나의 소리인지 그대의 자아가 하는 소리와 구분하지 못하고 혼동해 온 그대에게는, 처음에는 실망스럽게 여겨질 수 있다. 이러한 어려움은 그대가 몸과 마음을 일체화된 '하나'로 대해 오지 않았기 때문이고, 부정적인 감정들이 그대의 의식 상태를 둔감하게 하고, 그리하여 '영'의 정교하게 다듬어진 진동을 수용할 수 없을 정도로 그대가 둔감해져 있기 때문이다.

온전한 침묵과 고요에 잠겨야 하는 또 다른 이유가 있다. 신앙심 넘치는 마음으로 반복해서 침묵과 고요를 연습함으로써, 그대는 나의 소리가 마치 아름다운 음악의 음계처럼 크고 선명하게 그대의 마음을 울려서, 한 점 의심도 없이 실수 없는 정확함으로 그 메시지를 들을 수 있을 정도로, 그대 겉거죽의 마음 안에서 진동하도록 그대의 감성을 갈고 다듬을 수 있다.

세미한 내면의 소리를 '들을' 수 있는 그대의 능력을 방해하는, 겉거죽의 마음에서 나오는 소음이 어느 정도이든, 사랑하는 '어버이'의 소리는 언제나 전지의 앎으로, 힘든 상황으로부터 그대를 구해주려고 애쓰고 있다.

그대의 몸이 여러 감각기관을 사용하여 많은 것들을 동시에 충분히 인지하듯이, 한계 없는 능력을 지닌 그대의 잠재의식은 보이고 보이지 않는 것들, 숨겨진 것들과 드러난 것들, 미래와 과거를 모두 충분히 인지하고, 죽어질 의식에게는 참으로 놀라운 속도로, 그대에게 온전한 인식과 지혜를 빌려줄 수 있다.

이 내면의 지혜 센터는 그대의 개인적인 '은밀한 처소' 이자 '지고자의 은밀한 처소'이다. 그대가 이렇게 강력한 보호의 그늘에서 살면서 그것을 온전히 의식하기를 바란다면, 그대는 단지 아주, 아주, 아주 고요해질 필요가 있을 뿐이고, 그러니 오래 오래 잊어버리고 있었던 '듣기' 연습을 해야 한다.

아무리 어려워 보이는 것이라도, 되풀이 연습하고 수행함으로써 해결책을 찾을 수 있다. 그대가 잘 알다시피. 화가는 연습하지 않고서는 화가다운 화가가 될 수 없다. 거듭 거듭 헤엄 치는 연습을 하면 대회에 나가서 수영 챔피언이 될 수도 있다. 목수가 처음으로 짓는 집은 완전하기 어렵다. 토마토를 재배하는 농부도 경험을 웬만큼 하고 난 뒤에야 튼실하고 달콤한 토마토를 열매 맺게 할 수 있다.

내면의 안내를 받으려고 애썼던 그대는, 큰 희망을 갖지 않았는데도 한두 번은 '나의 소리'를 들은 적이 있을 것이다. 그런데도 그대는 그것이 과연 '나의 소리'였는지 의심에 휩싸여, 결국엔 포기하고 말았다. 그렇다면, 이제 분명하지 않느냐? 진지한 연습을 계속하는 것이 바로 해답

이며, 거듭 연습하다 보면, 나중에는 '기쁜 습관'이 될 수 있다. 뜸 들이는 시간을 그다지 갖지 않고서도, '태풍의 눈'과도 같은 '침묵과 고요' 속으로 들어서는 날이 오게 될 것이다.

그런 습관이 확립됨에 따라, 그대의 내면에는 분명 많은 변화가 나타날 것이다. 그대는 마음의 활동이 예전과 다르게 새로워지고, 사고력이 왕성해지고 명징해지며, 판단력이 민감해지고 다듬어지고, 상상력이 몰라보게 풍부해진다. 이러한 변화는 내면의 변화들로서, 내면의 활동이 증가하는 동안 외부 활동은 오히려 적어지게 될 것이다.

그대는 그대의 마음에 축적되어 온 오래된 개념들을 단지 다시 짜 맞추는 것이 아닌, '진짜 생각'에 기뻐 날뛸 것이다. 아무런 노력도 없이 독창적인 생각이 솟아나는 경험을 하게 될 것이다. 이렇게 아무런 애씀 없이 아이디어가 샘솟는 일은, 역사적으로 뛰어난 예술가들이나 발명가들에게서 찾아볼 수 있다. 하지만 사실은, 믿기지 않겠지만, 누구나 다 그런 경험을 할 수 있다.

외부에 근원을 두고 있는 안내는 모두 다 거부하고,

완전한 고요 속에서 그대 자신의 세미한 소리에 귀를 기울여 보라. 그것은 어떠한 상황에서나 그대의 진실한 안내자가 되어 줄 것이다.

마음을 고요히 하고 들을 수 있을 정도로 충분하게 그대의 거친 감정을 고요히 할 수가 없다면, 그대는 기도를 통해 나에게 도와 달라는 기도를 해야 할 수도 있다. 이해를 넘어서는 아름다운 평화에 대해 생각해 보고, 이러한 내적인 평화에 존재 전체를 담그는 것이 진정한 기도라는 것을 이해하려고 해보라. 그것을 경험하기까지는 먼 길을 걸어야 할지도 모르지만, 그대의 마음이 얼마나 소란스러운지에 상관없이, 그대는 그대 가슴의 제단 위에 이러한 소란을 올려놓을 수 있다. 그대의 마음을 내면의 하늘나라에 붙들어두어 평화가 몰려옴으로써, 마침내 모든 소란이 저절로 물러날 때까지.

그대가 고요 속에 있으면서도 나의 소리를 듣고 있다는 것을 확신하지 못한다면, 기도는 이러한 혼돈으로부터 그대를 자유롭게 해줄 것이다. 그대는 나의 소리를 알아듣기 위해 기도할 수 있고, 그대가 그렇게 함에 따라 그대의 감각이 예민해져서, 그대는 이 아름다운 '지혜의 빛'에 아주 친밀해질 수 있다.

그대는 머지않아 그대의 세미한 소리가 본질상 특이한 성질을 지녔음을 이해하게 되리라. 그대의 표면적인 자아에서 나오는 소리가 잠잠해질 때, 귀 기울여 듣지 않으면 들리지 않는다는 것! 그리하여 그대는 마음이 이럴까 저럴까 방황할 때마다, 마음을 잠잠하게 하고 내면의 소리를 들어야 한다는 것을 상기하고는 마음을 다잡게 되리라.

그대는 양심의 소리를 들을 때마다 다시 한 번 몸과 마음을 가다듬고, 그 소리를 인생의 방향지시등으로 삼게 된다. 그대가 양심의 찔림을 느끼는 경우에는, 고요하고 작은 소리를 듣기가 훨씬 더 쉬워진다. 양심이 폐부를 찌르는 진동이라는 것, 그것이 완고함으로 무장하곤 하는 겉거죽의 마음으로는 닿을 수 없는 곳에서 비롯된다는 것, 세상의 아버지가 화가 났을 때 그대를 몰아치는 것보다 훨씬 더한 엄격함으로 그대를 '몰아칠' 수 있다는 것은, 부인할 수 없는 사실이다.

양심이 무슨 말을 하는지, 모르는 사람은 거의 없다.

그대는 언제나 그대의 양심이 왜 '찔리는지를' 잘 알고 있다. 그렇지 않은가?

양심의 소리는 그대가 반드시 느끼지 않으면 안 되는 감독자가 아니다. 그것은 부드럽고, 길을 가리켜 보이는 친구이다. 그대가 나와 동행하는 법을 배우는 동안, 그대는 양심과 손을 붙잡고 있다. 한 걸음이라도 그대가 잘못 걸으면, 양심은 그대를 아슬아슬한 좁은 길로 되돌려놓기 위해 그대의 손을 잡아끈다.

그대는 양심이 가리키는 길로 돌아서기만 하면, 양심을 신뢰하기만 하면, 양심에 순종하고 사랑하기만 하면 된다. 그러면 그대는 진실로 나의 지혜가 그대를 실수 없이 이끌고 있다는 것을 결코 의심할 필요가 없을 정도로, 어느새 품이 한층 넓어져 있는 자기 자신을 발견하게 될 것이다. 양심은, 그대가 저지른 실수에 대해 그대를 비난하지 않는다. 그대가 가야 할 바른 길을 다시 발견할 수 있도록 도울 뿐이다. 이렇게 내 마음에서 비롯되는 '지혜의 빛'에 감사하고, 그대가 성장할 수 있게 해주는 그 가치를 지켜보라.

때로 직관을 통해서 전해지는 작고 고요한 소리는 아주 달콤한 노래처럼 그대로 하여금 위로 위로 상승하는 삶을 살라고 속삭이곤 한다. 직관이란 무엇인가? 그대와 하나 된 그대의 '어버이' 마음이다. 그것을 깨달을 때, 직관을 느끼고 받아들이는 그대의 감성은 한결 다듬어지게 되리라.

하지만, 이런 직관의 고요한 소리는 찌르는 듯한 양심의 소리와는 달리, 쉽게 들리지 않을지도 모른다. 직관의 진동이 구체적인 메시지와 더불어 그대에게 분명히 들릴 수 있으려면, 그대는 몸-마음이 온전히 고요해져서 그대 자신의 세포들이 노래하는 소리를 들을 수 있을 정도가 되어야 하리라.

고요해져라, 그리고 귀 기울여 듣는 법을 연습하라. 그대가 알기 원하는 것은 무엇이든, 나에게 물어라. 그런 다음, 고요 속에서 기다리면서 그대의 생각을 면밀하게 살펴보라. 애쓰거나 강제하지 말아야 한다. 그저 고요히 앉아, 나의 한결같은 '빛'이 그대 표면적인 마음의 지친 뇌세포들 전체를 비추도록 허용하라.

고요해져라, 그리고 귀 기울여 듣는 법을 연습하라. 그대가 알기 원하는 것은 무엇이든, 나에게 물어라. 그런 다음, 고요 속에서 기다리면서 그대의 생각을 면밀하게 살펴보라. 애쓰거나 강제하지 말아야 한다. 그저 고요히 앉아, 나의 한결같은 '빛'이 그대 표면적인 마음의 지친 뇌세포들 전체를 비추고 작용하도록 허용하라.

이렇게 깊은 고요함에서부터 직관의 소리가 마치 음표처럼 솟아나올 것이고, 그대는 양심에서 오는 그 메시지를 분명하게 알아듣고 이해할 것이다. 양심의 그 메시지는 그대를 더 창조적인 생각으로 이끌어줄 뿐만 아니라 세계와 삶의 실상을 알게 할 원천이 되어 줄 것이다. 그리하여 그대는, 그대가 무엇을 믿고 있는지, 무엇을 하고자 하는지, 어떻게 알게 되었는지, 그 과정도 모르는 채 저절로 알아지는 일이 연이어 일어나게 될 것이다.

직관의 도움으로, 표면의 자아는 '전지의 마음'에 연결되지 않은 채로 이 인생사들을 헤쳐 나아가려고 하는 것이 얼마나 희망 없는 일인지를 깨닫게 될 것이다. 결국엔, 나의 뜻에 기쁘게 순복해야 한다는 것을!

에고가 나 없이는 단 한 가지 일도 할 수 없다는 무기력에 빠져 자신의 어리석음을 받아들일 준비가 될 때, 의식의 차원에서는 다시 하나가 될 수 있는 지점에 당도하고 있는 것이다. 인식의 센터를 '뇌'에 두려고 하는 한, 나는 그것을 힘이나 폭력으로 제압할 수가 없다. 하지만 진실에 대한 직관의 소리를 들을 수 있을 만큼 고요해져서 '근원 의식'과의 결혼을 원하고 추구하게 될 때, 신비로운 하나됨이 일어난다.

"나 스스로는 아무것도 할 수 없다"는 태도는, 표면적인 마음으로 하여금 자기 영광을 위해서는 어떠한 노력도 포기하게 하고, 내면의 그리스도가 나서도록 초대한다. 그것은 그리스도를 활용하고자 하는 마음이 아니다. 나를 온전히 비우고, 내면의 그리스도로 하여금 내 인생의 지휘자가 되도록 초대하는 일이다. "나의 뜻이 아니라 아버지의 뜻이 이루어지게 하소서."

온갖 헤아리는 마음을 내려놓고 그 '문' 앞에서 '주를 기다릴' 때, 고요는 진실로 '온전한 고요'가 된다.

마침내 문이 열려서, 그 문턱을 수없이 넘나드는 날이 오게 되리라. 때로는 옳은 의심이나 겸손의 부재, 순복하는 마음을 잊어버리고, 에고의 폭발로 그 문 앞에서 발길을 돌릴 수도 있을 것이다. 하지만 믿음을 바탕에 깔고 고요해지는 연습을 하면서 '진실한 자신'을 살 수 있다고 자신감을 가짐으로써, 언제든지 '문' 안으로 들어설 수 있는 확고한 기초가 닦이게 된다.

그 '문' 앞에서 어린아이처럼 비틀거리면서도 나의

뜻에 완전히 순복하고자 하는 인간적인 자아는, '나의 번갯불'을 맞을 준비가 되어 있는 것이다.

11

번개가 번쩍 하고 온 하늘을 비치듯이

"마치 번개가 하늘 이쪽 끝에서 번쩍하여 하늘 저쪽 끝까지 비치는 것처럼, 인자도 자기의 날에 그러할 것이다"(누가복음 17:24). 그대들의 친구 예수가 한 이 말이 의미하는 바는, 그대들의 날이 오면 그대들의 몸인 지구가 나의 '빛'에 의해서 끝에서 끝까지 밝혀질 것이라는 뜻이다. 번개가 하늘 이쪽 끝에서 저쪽 끝까지 순식간에 이동하듯이.

나는 그대의 의식 안에서 번개처럼 그대를 덮치고, 그대는 언제 그렇게 되었는지도 알지 못할 것이다. 내가 오리니, 보라! 나는 순식간에 오고, 그대는 나와 더불어 있으면서 보상을 받으리라.

하위창조의 감옥에 그대를 가두어두었던 철창은 나의 타오르는 불꽃에 녹아버리고, 그러면 그대는 그대 안에 활짝 넓어진 '문'을 통하여 내다보면서, 그대의 굶주린 눈에 나의 하늘 왕국을 가득 채우리라. 그렇다, 마침내 그대는 '모든 것을 가능하게 하는 문'이 진짜로 있다는 것을 알게 되리라! 그대의 표면의식과 잠재의식을 분리해 왔던 장막이 찢겨져 나가고, 그대는 이제 두 번 다시 하위창조의 그물망에 갇힌 무기력한 파리처럼 얽히지 않게 되리라.

"거룩한 영을 받으라"고 예수는 말했다. 그대의 모든 실수와 잘못에도 불구하고 그대 스스로 거룩한 영을 받을 만한 자격이 있다는 것을 줄기차게 믿기만 하면, 나는 누구도 빠짐없이 전부를 다 하나로서 사랑하기에, 그대는 눈 깜박 하는 사이에 필멸의 운명에서 불멸의 존재로 바뀌게 되리라.

활짝 눈을 뜬 그대는 내가 진실로 '빛과 사랑의 하나님'이며, 하위창조가 야기하는 이중 삼중 사중의 불완전함이 나를 통하여 지워지게 될 것임을 깨닫게 되리라.

나의 소중한 행성 지구에서 마지막으로 제거되어야 할 가장 큰 악은, 사탄이 만들어낸 악인 죽음이다. 내가 집으로 돌아오라고 부른 나의 자녀들에게는 죽음이 지금껏 존재한 적이 없었고, 앞으로도 없을 것이다. 예수는 죽음이란 극복되어야 할 악이라고 가르쳤지만, 그 가르침은 너무나 오랜 세월 동안 무시되어 왔다.

그대들의 가장 위대한 교사는, 주목할 가치가 없는 말은 단 한 마디도 하지 않았다. 그가 말한 진리를 그대의 삶 속에 적용하기를 원한다면, 그대는 그의 지고한, 너무도 '불합리한' 가르침들을 무시해서는 안 된다. 그가 보여준 비전은, 제대로 이해되기만 하면, 표면적인 마음에도 가 닿을 수 있고, 작용할 수 있다.

삶과 죽음에 대해서 그가 말한 것들에 대해 명상하라. 그는 이렇게 말했다. "진실로 진실로 그대들에게 이르노니, 사람이 내 말을 지키면 영원히 죽음을 보지 않으리라"(요한복음 8:51).

어느 누가 이보다 더 쉽게 말할 수 있겠는가?

진실은, 몸이 얼마나 여러 번 죽든지에 상관없이 삶은

영원히 계속된다는 것이다. 영혼은 계속해서 살아가면서 스스로 새로운 몸을 창조한다. 그것이 진실이다. 하지만 영혼에는 지혜가 부여되어 있어, 몸의 죽음이 '나의 생명의 우주 법칙'과 어울리지 않는 일이라는 것을 잘 알고 있다.

지구에 묶인 나의 아이들에게 죽음이란 것이 그토록 병적이고 건강하지 못한 느낌을 불러일으키는 것은, 바로 이 때문이다. 그대의 영혼은, 죽임이란 지상적인 믿음을 가진 자들이 걷는 길임을 알고 있다. 지상적인 믿음의 소유자들은 '상승의 마음가짐'의 진동으로 들려 올리어져서 성인의 길을 걸을 수 있게 되기를 열망한다. 이렇게 고결한 길을 가기 위해서는, 몸이 지구의 파괴적인 진동을 극복하고 '빛'으로 변화되어야 한다.

죽음은 분리의 길이지, '하나임'의 길이 아니다. 드물긴 하지만, 죽음이 그 당사자들에게 고통 없고 쉬운 길일 수도 있긴 하다. 하지만 뒤에 남게 되는 사랑하는 사람들에게는 결코 고통 없고 쉬운 길이 될 수 없다. 이것이 바로 내가 나의 자녀들을 사랑 안에서 함께, '영' 안에서 함께, 존재하도록 창조한 까닭이다. 우주가 아무리 끝간 데 없이 광활하다 해도, 나의 자녀들은 결단코 분리될 수 없다.

그대들이 온 우주를 에덴동산으로 알았을 때, 그대들은 온 우주를 그렇게 배회할 수도 있었지만, 사랑하는 이의 현존 속에서 한정된 공간 안에 몸으로 존재할 수도 있었다. 그대가 진심으로 열망하기만 하면, 생각의 속도로 그렇게 할 수 있었다. 일찍이 지구의 토대가 놓이기 이전에는, 모든 존재들이 이러한 '비분리의 완전한 법'을 온전히 자유롭게 누렸다. 죽음은 이러한 '비분리의 완전한 법'과는 상반된다.

죽음은 그대들을 물리적으로 떼어 놓을 뿐만 아니라 정신적으로도 떼어 놓는다. 죽음이란 분리의 길 중에서도 가장 슬픈 길임에 틀림없다. 하지만 나는, 나의 사랑하는 자녀들 중 어느 누구도 이러한 고통의 길 위에 놓아둔 적이 없다. 그들을 벌한다는 이유로 죽음의 길을 걷게 한 적이 없다. 죽음은 그대들의 잘못된 생각의 결과로서, 불행한 다른 모든 경험들과 마찬가지로 존재하게 되었을 뿐이다.

죽음은, 제한된 자아를 나에게 항복시키는 법을 배우게 됨에 따라 더 이상 존재하지 않게 된다. 죽음은 진실에 의해 파괴되어질 것이다.

우주가 아무리 끝 간 데 없이 광활하다 해도, 나의 자녀들은 결단코 분리될 수 없다. … 일찍이 지구의 토대가 놓이기 이전에는, 모든 존재들이 이러한 '비분리의 완전한 법'을 온전히 자유롭게 누렸다. 죽음은 이러한 '비분리의 완전한 법'과는 상반된다.

죄인이 죽게 되면 불못에 던져져서 영원히 고통을 받는다는 야만적인 믿음 때문에, 인류는 정신적인 고통을 받아 왔다. 성경의 가르침에 대한 이러한 잘못된 해석은 그대의 의식으로부터 없어져야 마땅하다. 그래야 그대는 비로소 완전한 고요의 상태에 이를 수 있게 되리라.

지옥불의 상징은, 표면적인 마음에 머물러 선악이 혼재된 믿음을 계속적으로 신봉하는 한, 자해의 고통으로 스스로를 지지고 볶을 뿐이라는 교훈의 한 방법이다. 지옥은, 하늘나라와 마찬가지로, 그대의 내면에 있다. 지옥은 '작은 나'에 사로잡혀 살아가는 사람들의 마음의 영역이다. '모든 것에 이르는 문'을 발견하고 거기에 들어서기 이전에, 모두가 거주하는 의식의 차원이다. 지옥은 그 문의 그대 쪽에 있고, 하늘나라는 그 문의 내 쪽에 있다.

죽음이 올 때, 죽음은 중력의 무게를 풀어헤쳐 일시적이나마 영혼을 지상으로부터 자유롭게 해준다. 그렇다고 해서 인간의 차원에서 나오는 의식의 진동이 바뀌는 것은 아니다. 연습과 수행으로 생각과 느낌을 변화시키지 않고서는, 그대 자신의 진동으로부터 달아날 길은 없다.

죽는다고 해서 의식이 곧장 풀려나서 천상의 차원으로 직행하는 것은 결코 아니다. 몸으로부터 분리된 의식은 자동적으로 영적 영역의 수준들 중에서 자기 자신의 진동 수준을 찾아간다. 지구에서의 진동 수준과 서로 상응하는 영적 진동 수준을 찾아가는 것이다.

영적 영역들 역시 하위창조가 만들어낸 망의 한 부분이다. 몸을 떠난 영혼들이 새로운 몸에 실려서 다른 생애를 살기 위해 지상으로 돌아올 기회를 기다리는 장소가 바로 이 영의 세계이기 때문이다. 영혼들은 한동안 영의 세계에 머물다가 '생명'의 아름다운 법, 곧 단조로운 '삶과 죽음의 사이클'을 끝장내기 위한 법을 성취할 또 다른 기회를 잡기 위하여, 지상으로 돌아오곤 한다.

의식은 서서히 변화된다. 그대가 그대 자신과 다른 사람들을 지켜봄으로써 앎이 차츰 증장됨에 따라. 의식이 인간의 모습으로 육화를 하든 인간의 몸을 벗게 되든, 이것은 진실이다. 의식은 몸을 떠났다는 이유만으로 '나의 진실'에 대한 더 큰 이해에 자동적으로 이르게 되는 것이 아니다. '나의 진실', 이것은 때로 누군가에 의해 가르쳐질 수도 있다. 그런가 하면, 지상에서는 새로운 사상을 받아들이기 힘든 것처럼, '나의 진실'에도 폐쇄적인 상태로 지낼 수도 있다. 영의 세계에서 '생명의 거룩한 씨앗'을 온전히 이해하고 있다는 것이 명백하게 드러나면, 삶과 삶 사이의 중간계에 있을 필요가 없게 된다. 그 단계에 존재하는 모든 영혼들은 천상의 밝음을 향해 날아갈 것이다. 하지만 불행하게도, 많은 영혼들은 그들을 다시금 뒤로 끌어당기는 감정에 결박당하여 지구에 묶이게 된다. 그들이 지구로 돌아가서 세상의 잘못된 가르침들에 저항한다면, 그들은 마침내 진실을 깨달아 알게 되어 어린아이 같은 마음으로 새로워지고, 갱신되고, 쉼을 얻게 될 것이다. 모든 생애들이 다 새로운 시작이고, '빛'으로 기름부음을 받게 될 새로운 기회이며, 죽음의 덫을 넘어 상승하게 될 좋은 기회이다.

진실로, 매 생애의 매일이 새로운 시작이다.

그대가 그대 안에 충만한 그리스도를 보고 싶다면, 그리스도의 메시지를 품고, 그것을 사랑하고, 그것을 확장하고, 그것을 살고, 내가 그대의 마음에 속속들이 그것을 확증해 줄 수 있도록 기도하라.

'그리스도의 빛'이 그대 내면에 빛을 비추기 시작하여

그대를 어루만지고 위로해 주어서 그대가 새롭고 따뜻한 내면의 존재가 되어감에 따라, 그대는 '나에 대한 확증'을 분명하고 실수 없이 받아들이게 될 것이다. 그대는 모든 의심을 넘어 내가 언제나 그대와 함께 있다는 것을 알게 되리라.

그대가 그 무엇보다도 나를 가장 앞자리에 올려놓고 모든 것을 나의 뜻에 조금도 망설임 없이 내맡기는 법을 배움에 따라, 그대 안의 '그리스도의 빛'은 날마다 분 단위로 증가하게 될 것이다. 그대는 토마토처럼 날로 덩굴을 뻗어가면서 점점 더 무성하게 자라날 것이다.

그리하여 토마토처럼 완숙되는 상태에 이르는 순간이 마침내 오게 되리라. 그대는 이제 '수확될' 때가 가까이 다가온 것이다.

"번개가 하늘 이쪽 끝에서 번쩍하여 하늘 저쪽 끝까지 비치는 것처럼"이라고 예수가 말한 바로 그때가 그대에게 온 것이다. 다시 말하자면, 그대의 표면적인 마음이 그것을 의식할 때쯤엔, 그대의 몸 전체가 이미 '빛'으로 가득하고, 그대 표면의 마음과 그 '문' 안쪽의 무제한의 영역을 내내 나누고 있었던 베일이 번개가 치듯이 순식간에 산산조각 나 버릴 것이다.

진실은 그대를 자유롭게 해주었고, 이제 그대는 정말로 자유다!

나의 자녀들 중 많은 이들이 자신들의 마음을 정화시켜서 상승할 생각을 내지 못하고, 무작정 하나님의 일을 하겠다고 달려든다. 그런가 하면, 어떤 이들은 자신들의 나쁜 습관들에 대해서는 받아들일 생각을 하지 않고, 자신들이 이미 순수하다고 믿어 버린다. 자기를 높이고 자기 영광을 추구하는 습관은 버려야 한다. 거기에서 벗어날 수 있게 되기를 기도해야 한다. 그런 이후에야 그리스도의 밝음이 세상 전체가 볼 수 있도록 드러나게 될 것이다. 각자는 내 진실의 지팡이를 쥐고, 모든 말과 행실을 통하여 그것을 살아야 한다. 그런 다음에야 비로소 나의 번갯불이 치는 순간을 기대할 수 있는 것이다. 각자는 회개하고, 자기 마음을 새롭게 함으로써 변화되어야 한다.

그대가 나의 계명을 지킨다면 나도 묶일 것이지만, 그대가 나의 계명을 지키지 않는다면, 그대는 어떤 보장도

받을 수 없을 것이다.

'상승의 마음가짐'을 통 크게 갖고, '빛의 옷'처럼 그것을 입으라. 이러한 태도의 실천을 통하여 그대의 마음은 새로워질 수 있고, 그대의 가슴은 순수해질 수 있다. 이러한 태도의 실천을 통하여, 그대는 나의 '많고 많은 미스터리들'의 탐사에 직접 발을 들여놓을 수 있다.

솔로몬은 이렇게 노래하였다. "주의 경이로움을 누가 해석할 수 있단 말인가? 해석할 수 있는 사람이라면, 그는 이미 녹아서 주와 하나가 되었으리라."

그대 또한 번갯불처럼 신속하게 녹아져서, '그리스도의 빛'이 되리라. 진실에 대한 나의 놀라운 말을 통하여 해석하는 법을 배우고 있는 그대 자신이.

"불멸의 '그분'과 연합하는 이 또한 스스로 불멸이 될 것이다."

12

"열린 문"으로 들어가기

문은 그대 앞에 있고,

문을 열 수 있는 열쇠 또한 거기에 있어 왔다.

그대를 안내해 주고, 위안해 주고, 격려해 줄, 그리하여 그대를 직접 이끌어줄 나의 고요한 속삭임을, 그대는 언제 어디에서나 들을 수 있다.

믿음은 그대를 이끌어가는 자석과도 같은 힘이고, 기도는 그 길을 밝혀준다.

인류의 제한된 신념들을 거부함으로써, 그대는 그대가 비대하게 키워 온 거짓된 이데아들로부터 자유로워질 수 있다.

겉모습을 보고 판단하지 않음으로써, 그대는 언제 어디에나 있는 나의 완전한 '존재'에 대한 믿음을 잃지 않고 지낼 수 있다.

열정은 그대 안에 순수의 불을 켜서, 그대의 존재를 환하게 밝혀준다.

온전한 고요는 그대의 순수 생명력을 보존해 주고, 그대 의식의 진동수를 빠르게 촉진하여, 그대 세포들의 성분을 신령스럽게 변화시킨다.

내려놓음은 곧 겸허한 마음을 나타내고, 나의 지혜와 나의 힘에 기대고자 하는 의지를 나타내 보여주는 것이다.

나의 번갯불은 '제2의 탄생'이 언제 이루어질지 그대로 하여금 알게 하리라.

나와 함께 그 문을 통과해 가면서, 환희 속에서 그대의 인간성이 녹아들어 가는 것을 지켜보자. 이 일이 일어날 때, 그대는 설핏 뒤를 돌아보고는, '그 문'이 사실은 전혀 존재하지 않았다는 것을 발견하게 될 것이다. 그대는 마치 그대의 일부처럼 그 문이 있다고 믿었지만, 그것은 그대가 그대의 '창조주'와 분리되어 있었다는 오래된 헛믿음으로 인한 것일 뿐이다. '그 문'은 거기 내 옆에 있지 않았다. 그대가 그것을 스스로 세워놓았고, 그러니 그것은 실재하지 않았다. 하지만 그것은 이제 더 이상 중요하지 않다. 왜냐하면 그대는 '모든 것'이 그대를 기다리고 있는 하늘 왕국 안에 들어와 있기에.

'모든 것'이란 수많은 여러 가지 것들이 아니다. 그것은 '하나'이다.

'모든 것'은 '사랑'이다.

사랑. 그대가 지금껏 알아왔거나 상상해 온 것과는 전혀 다른 사랑. 모든 창조 세계의 유일하고도 진실된 힘, 사랑. 만들어진 모든 것의 근원이 되는 '빛'인 사랑. 모든 것을 유지하는 응집력인 사랑. 내가 약속해 왔던 바로 그 '신의 사랑'이 인간들의 심장을 통하여 흘러 나갈 것이다. 사랑, '풍요로운 생명의 강' 안에 측량할 수 없이 집약된. 사랑, 가장 형언할 수 없는, 존재하는 모든 것을 포함하는 진동.

백색이 칼라 스펙트럼의 모든 범주를 다 포함하듯이,

사랑은 모든 생각과 마음의 순수한 결을 두루 포함한다.

사랑은 모든 것을 다 포함한다.

그대의 '인간적인 자아'와 '위대한 우주 자아' 사이에 아무런 구분선이 없듯이, 그대의 '인간적인 사랑'과 '그리스도 사랑' 사이에도 아무런 구분선이 없다. '그리스도 사랑'은 '인간적인 사랑'을 수천 배, 수만 배, 수십 수백만 배 곱한 것 이상으로 크고, 넓고, 깊고, 높다.

'인간의 사랑'은 제한적이지만, '그리스도 사랑'은 아무런 한계가 없다. 무한하다.

'인간의 사랑'은 오염되기 마련이고, 이기적이고 소유에 기반하기 쉬우며, 주는 것만큼 받으려고 하고, 겉꾸미기를 좋아하고 기만하기 일쑤이다.

'그리스도 사랑'은 언제나 순수하고, 인간적인 방법으로는 가 닿을 수 없으며, 시늉을 한다고 해서 할 수 있는 것이 아니다. '그리스도 사랑'은 가 닿을 수 있는 모든 수용적인 것을 불완전에서 완전으로 바꾼다. '그리스도 사랑'은 자기 자신 외에는 아무것도 추구하지 않는다.

사랑.

모든 창조 세계의 유일하고도 진실된 힘, 사랑.

만들어진 모든 것의 근원이 되는 '빛'인 사랑.

모든 것을 유지하는 응집력인 사랑.

내가 약속해 왔던 바로 그 '신의 사랑'이

인간들의 심장을 통하여 흘러 나갈 것이다.

사랑, '풍요로운 생명의 강' 안에 측량할 수 없이 집약된.

백색이 칼라 스펙트럼의 모든 범주를 다 포함하듯이,

사랑은 모든 생각과 마음의 순수한 결을 두루 포함한다.

'신의 위대한 사랑'은 지상의 복잡한 사고 습관을 극복한 모든 이들을 위한 보상이다. 그 사랑은, 내가 '실재하지 않은 그 문'을 통하여 그대를 이끌어 나감에 따라, 내가 함께 가져가기로 약속한 보상이다. 그것은 내가 그대의 이마 위에 적을 새로운 이름이다. 그것은 '만물을 두루 포함하는 빛'에 대한 그대의 완전한 성취이다.

왜냐하면 '생명'은 '빛'이고, '빛'은 '사랑'이기 때문이다.

그대의 영혼은 이 '사랑'을 받아들여야 할 그릇이고, 그대의 작은 인간 자아는 그것에 의해 쓰여질 것이다. 그대의 영혼을 주인 자리에 바르게 세워라. 그대의 영혼으로 하여금 '살게 하여라'. 인간이 온 세상을 다 얻고도 자기 영혼을 잃는다면 무슨 유익이 있겠느냐?

오라!

'모든 것에 이르는 문' 안에서, 나의 '있음 Being'의 시간 없는 영역 안에서, 나를 만나라. 거기에서 그대의 '위대한 우주 자아'의 모든 완전한 성질들이 하나의 보석— '사랑'이라는 귀한 보석과 만나 서로 섞이고 융합하게 되리라.